BODY LANGUAGE

Impressum:
ISBN: 978-3-903113-20-6
© 2017 echomedia buchverlag
echo medienhaus ges.m.b.h.
Produktion: Ilse Helmreich
Layout: Elisabeth Waidhofer
Lektorat: Michaela Pichler
Fotoredaktion: Claudia Knöpfler
Herstellungsort: Wien

Besuchen Sie uns im Internet:
www.echomedia-buch.at

Ciro De Luca

BODY LANGUAGE

10 Gebote der Körpersprache

echomedia
BUCHVERLAG

INHALT

VORWORT

Als AK-Präsident setze ich mich gegen die Auswüchse einer Ellbogengesellschaft und für mehr Gerechtigkeit ein. Der ausgefahrene Ellbogen ist es aber nicht, worum es in diesem Buch geht. Körpersprache ist im Privaten wichtig – beim Kennenlernen und Plaudern genauso wie bei der Kindererziehung, gleichzeitig ist die „Bodylanguage" aber auch im beruflichen Umfeld von sehr großer Bedeutung. Es fängt schon beim Einstieg ins Berufsleben an, bei der Bewerbung. PersonalleiterInnen haben in der Regel ein gut geschultes Auge für die Körpersignale, die von BewerberInnen ausgesendet werden. Unbewusste Signale des Körpers geben oft mehr preis als viele Worte. Deshalb kann es vor Bewerbungen wichtig sein, die Gesprächssituation „durchzuspielen" und sich die eigene Körpersprache ins Bewusstsein zu rufen.

Im aktiven Berufsleben begegnet uns die Körpersprache immer und überall, nahezu unabhängig von der Branche. Beispiel Gastronomie: Wir kennen alle das zelebrierte „Grantlertum" in manchen Wiener Kaffeehäusern. Trotzdem fühlen sich die wenigsten von uns davon vor den Kopf gestoßen, weil wir erstens wissen, dass es sich dabei um eine Art Markenzeichen handelt, und weil zweitens die Körpersprache der meisten KellnerInnen dennoch eine sympathische Offenheit ausstrahlt. Auch in klassischen Verhandlungssituationen ist

es wichtig, auf die eigene Körpersprache zu achten und die Körpersprache anderer „lesen" zu können. Den wenigstens Menschen gelingt es ein unlesbares „Pokerface" aufzusetzen. Und das ist oft auch gut so. Denn gerade in Verhandlungen sind Körpersignale manchmal klarer als Worte. Oft trauen wir unbewusst diesen Signalen mehr als den Worten des anderen. Und dem Gegenüber geht es in der Regel genauso. Die nichtsprachliche Kommunikation macht über achtzig Prozent der menschlichen Kommunikation aus. Sie ist die Urform zwischenmenschlicher Verständigung. Wer sich mit Körpersprache beschäftigt, wird viel Interessantes und Überraschendes beobachten. Und wer diese Sprachform übt und bewusst einsetzt, wird von den positiven Reaktionen des Gegenübers gelegentlich überrascht werden.

Ich wünsche Ihnen viel Spaß beim Lesen und Ausprobieren der hilfreichen Tipps und Tricks, die Ihnen Ciro De Luca auf den folgenden Seiten in seiner gewohnt humorvollen Art und Weise präsentiert.

Rudi Kaske
AK-Präsident

1. GEBOT
JEDER SPRICHT KÖRPERSPRACHE

Jeder setzt sie ein, theoretisch, manche sprechen sie sogar ganz gut, aber so gut wie niemand übt sie. Mit einigen Ausnahmen. Stewards und Stewardessen, Politessen, Tabledancer und natürlich die Superstars des Popbusiness. Die brauchen ihre Körpersprache auch täglich, um Erfolg im Berufsleben zu haben. Aber der Durchschnittsmensch? Fehlanzeige. Deswegen sprechen die meisten Menschen Körpersprache so wie Schulenglisch, if you will. Wenn sie so wollen. Manchmal sind Gebote da, um gebrochen zu werden oder wenigstens nicht ganz so genau befolgt zu werden. Dieses Buch gibt Ihnen einen zarten Einblick in die alltäglichen Anwendungsmöglichkeiten und in die kleinen Geheimnisse unserer Körpersprache. Und selbstverständlich finden Sie auch die wichtigsten Basics unserer Körpersprache darin. Aber warum gerade 10 Gebote? Weil's ins Auge sticht. Übrigens hätte das erste Gebot auch heißen können, wenn Sie nicht erfolgreich sind, dann sollten Sie zumindest so wirken als wären Sie's! Denn Körpersprache kann Ihnen dabei helfen. Umgekehrt ließe sich daraus ableiten, Menschen die Erfolg haben, haben auch meist eine klare beziehungsweise interessante Körpersprache. Stimmt auch nicht immer. Aber wenn diese Menschen bereits

Erfolg haben, dann brauchen sie sich und anderen zumindest nicht vormachen, als hätten sie Erfolg. Fest steht, und das weiß man aus vielen vielen Studien, aber auch sicher aus eigener Erfahrung, dass wir Menschen eher das, was wir sehen, glauben, also das, was uns erscheint, in großen einfachen Bildern. Wie sonst würden Sie sich den Erfolg von Bildern erklären? Denken Sie einmal an Magazine, Fernsehen, Plakate, YouTube, Selfies oder Facebook.

Aber so einfach und augenscheinlich ist Körpersprache dann doch wieder nicht. Ich gebe Ihnen ein einfaches Beispiel, das ich mit meinen Teilnehmern und Teilnehmerinnen der Kommunikationsseminaren durchgehe.

Sie treffen in Ihrer Firma am Kaffeeautomaten einen Kollegen. Er fragt Sie, wie es denn der Familie gehe. Sein Blick ist aufmerksam auf Sie gerichtet, seine Fußspitzen aber zeigen weg von Ihnen. Sagen wir zur Türe. Sie erzählen ihm, während Ihr Kaffee gerade durch den Automaten in den Pappbecher rinnt, die Geschichte der kranken Kinder und des Vaters, der vor Kurzem ein Unternehmen gegründet hat.

Frage: Glauben Sie, dass Ihnen der Kollege aufmerksam zugehört hat? War der Kollege an Ihrer Antwort interessiert? Nein. Und warum nicht?

Ganz einfach: Die Füße eines Menschen im natürlichen Gesprächszustand, also sagen wir nicht autofahrend, zeigen bei Interesse immer zu seinem Gesprächspartner. Hat er nur die Augen zu Ihnen gedreht, die Füße aber nicht, so ist der Kollege an Ihrer Antwort eigentlich gar nicht interessiert. Der Grund dafür liegt im menschlichen Urverhalten. Wenn die Füße wegzeigen, heißt das, wir wollen weg, das bezeichnet das sogenannte Fluchtverhalten, Flee. Zeigen die Füße, während Sie antworten, zu Ihnen, bedeutet das echtes Interesse an der Geschichte und Ihrer Antwort. Die Wissenschaft spricht hier von Fight; ich setze mich mit der Antwort und dem Menschen auseinander.

Da es sich dabei um eine Ureigenschaft des Menschen handelt, die in unserem Unterbewusstsein gesteuert wird, können wir die Füße sozusagen im Gespräch nicht kontrollieren. Das heißt, die Füße Ihres Gesprächspartners können Ihnen zeigen, ob er sich wirklich interessiert oder nicht, weil er eben schon wieder bei der Türe draußen ist. Und genau dahin zeigen dann nämlich seine Fußspitzen.

Sie können gerne einmal auf die Homepage schauen und sich einen Eindruck über die Motivations- und Kommunikationsseminare verschaffen: www.himantes.at. Und vielleicht haben Sie ja einmal Lust und Zeit eines zu besuchen oder ein Coaching zu buchen.

Meine italienische Großmutter war Köchin. Und zwar die beste Köchin ganz Italiens. Genau wie die anderen dreißig Millionen italienischer Mammas und Nonnas. Aber, was meine Nonna von den restlichen besten Köchinnen unterschieden hat, war ihre Haltung, ihre Einstellung. Ihr Leitmotiv als Köchin war Folgendes:

Sie hat uns immer gesagt, wenn wir gut kochen wollen, sollen wir das möglichst auf die einfachste Weise tun.

„Hai capito Ciro? Ein guter Koch hält in der einen Hand sein Kochgeschirr und in der anderen die Zutaten. Und zwar nie mehr als fünf Zutaten, das ist genug. Mehr kann man nicht an einer Hand abzählen und mehr kann man auch nicht herausschmecken. Basta!"

Hier geht's zwar nicht nicht ums Kochen, aber irgendwie erscheint es mir logisch, 10 Gebote der Körpersprache zu beschreiben. Es geht ja auch um körperliches Gefühl, Empfindungen und Wahrnehmung. Und immerhin hat unser Körper zwei Hände à fünf Finger, also zehn, und damit lässt sich körpersprachlich einiges kommunizieren. Außer Sie sind gerade beim Kochen.

Dieses Buch und ich erheben keinen Anspruch darauf, besonderes Geheimwissen oder irgendein Sonderwissen vermitteln zu können, oder zu wollen. Vielmehr sind diese 10 Gebote einfach so etwas wie ein einfacher und durchaus humorvoll formulierter Leitfaden durch die Tiefen und Untiefen der menschlichen Körpersprache. Information plus Unterhaltung, oder Infotainment, wie es auf neudeutsch heißt. Ein Streifzug in zehn Kapiteln durch die Dos und Don'ts der Bodylanguage von uns Menschen. Wobei mir die Beispiele für Don'ts laufend unterkommen und diese Liste schier unerschöpflich zu sein scheint. „Wer die Rhetorik beherrscht, der herrscht (…)" Diese Aussage wird dem großen griechischen Denker Aristoteles zugeschrieben. Bitte nicht mit der Abwandlung verwechseln „Wer die Sprache beherrscht, der beherrscht seine Mitmenschen". Das stammt von der Facebook-Seite der berühmten Humanforscherin und Körpersprecherin Verona Pooth (ehemals Feldbusch).

Meine 10 Gebote wollen keinen Anspruch auf wissenschaftliche Wichtigkeit, Einzigartigkeit oder gar Vollständigkeit erheben. Obwohl die Gebote sich selbstverständlich auf wissenschaftliche Studien und deren Erkenntnisse stützen. Sie zeigen einen Abriss der vielfältigen Varianten und Anwendungen unserer menschlichen Basiskommunikation. Nehmen Sie daraus mit, was immer Sie wollen oder was zu Ihrem beruflichen Profil passt. Oder entnehmen Sie daraus weniger die Information als die Unterhaltung. Empfehlen Sie es, oder besser schenken Sie es jemandem, von dem Sie wissen oder bei dem offensichtlich ist, dass er oder sie noch einiges in Sachen nonverbaler Kommunikation aufzuholen hat. Wenn Sie also das eine oder andere Gebot oder die eine oder andere Geschichte lesen, so werden Sie sich eventuell dabei erwischen einen „Ahja"-Effekt zu erleben. Denn es wird kaum Situationen geben, die Ihnen gänzlich unbekannt sind.

Wir Menschen haben ja grundsätzlich großartige Instinkte. Unser berühmtes Bauchgefühl zum Beispiel, oder wie es in Österreich heißt, das richtige G'spür für Situationen. Wenn wir dieses G'spür schärfen, können wir uns darauf verlassen, dass wir uns auch künftig in fast jeder Situation, auch wenn wir diese so noch nicht kennengelernt haben, intuitiv richtig verhalten. Intuition ist zwar grundsätzlich da, aber auch sie will von Zeit zu Zeit nachgeschärft werden. Genauso ist unsere Körpersprache von Anbeginn unserer Existenz da, in uns.

Doch wir verfeinern sie täglich, vom ersten Augenblick an, in der Interaktion mit der Mutter, später mit beiden Eltern und dann in der Schule mit den Mitschülern und Mitschülerinnen. Und wenn wir entsprechend üben, trainieren und die einzelnen Bewegungen, Zeichen und Merkmale wiederholt einsetzen, dann schärfen wir sie und können sie schneller, präziser und erfolgreicher abrufen, wenn die Situation es erfordert. Eine gute Tänzerin wird solange mit ihrem Partner üben, bis sie quasi von selbst weiß oder spürt, was der Partner als nächstes machen wird. Sie kann sich darauf verlassen, dass sie auf das, was ihr Tanzpartner will, genau richtig reagiert. Er führt, sie reagiert unmerklich, präzise, schnell. Ein guter Boxer wird jede Technik, den Jab, den Uppercut und jede Taktik solange trainieren, bis er hundert Prozent sicher ist, perfekt im Ring reagieren und bestehen zu können, egal gegen welchen Gegner. Er muss ihn richtig lesen können, sein körperliches Verhalten perfekt einschätzen und richtig darauf reagieren können. Denn ein kluger Spruch aus dem Bereich des Boxsports weiß:

"It's not the size of the dog in the fight, it's the size of the fight in the dog."

Nicht auf die Größe des Hundes im Kampf kommt es an, sondern auf die Größe des Kampfes im Hund, wusste bereits Mark Twain. Eine gute Vorbereitung, Top-Motivation und effektive Kommunikation waren und sind Erfolgsgaranten. Eine Ballerina wird solange an der Ballettstange üben, bis jede Figur und jede Position in der Choreographie klar sitzt, in Fleisch und Blut übergegangen ist und sie jede Nuance des Tanzes auf der Bühne quasi im Schlaf, intuitiv, abrufen kann. Niemand von denen muss mehr nachdenken, welche Bewegung, welche Figur, welche Reaktion als nächstes kommt. Genau darum geht's, beobachten, erkennen, trainieren, Sicherheit erlangen. Das schafft Selbstvertrauen, das schafft aber auch Vertrauen bei anderen. Wie auch in der Körpersprache. Sie ist unser Werkzeug. Man kann das passende Werkzeug aus seinem Werkzeugkoffer nehmen, wenn man es gerade braucht. Wenn die Körpersprache unser Werkzeug ist, stellt man sich zu Recht die Frage:

„Und wer ist dann der Werkzeug-Koffer?"

Mir fallen auf Anhieb einige Koffer in meinem erweiterten Bekanntenkreis ein, und oft staune ich, wenn ich sehe, wie manche von denen so gar keine körpersprachliche Kompetenz haben und das Werkzeug Körpersprache nicht ge-, sondern eher missbrauchen. Das fängt damit an, die eigene Mimik nicht unter Kontrolle zu haben, bis hin zu überdominantem Auftreten, undefinierbaren Gesten oder zu schlechtem Benehmen. Das alles ist kein Zufall oder passiert ohne Grund, sondern deutet auf nicht erworbene Fähigkeiten und einen Mangel an sozialer Kompetenz hin. Denn die Basics der zwischenmenschlichen Basiskommunikation werden erst durch die soziale Komponente sicht- und spürbar. Sie zu beherrschen heißt mehr oder eben weniger Erfolgsaussichten im Leben zu haben, im Beruf sowieso und ganz allgemein. Die besten Vorraussetzungen also, dieses Buch zu schreiben und die Koffer zu packen, denn das ist, was man mit Koffern macht, sie packen. Im übertragenen Sinne natürlich. Ich versuche diese Koffer mit Wissen, Ideen, Tipps und Übungen vollzupacken. Ich trainiere und coache sie gerne, die Interessierten und die Fortgeschrittenen, damit sie sehen, wie sie das Urwerkzeug der menschlichen Kommunikation noch besser oder optimal verwenden können. Die Zusammenarbeit im Seminar mit Menschen ist ein bisserl so wie Probenarbeit bei der Schauspielerei. Sehr persönlich und individuell. Und gerade deshalb ist Coaching eine Arbeit, die mir wahnsinnigen Spaß macht. Meinen persönlichen Klientinnen und den Teilnehmerinnen meiner Seminare durchwegs auch. Ich sehe, wie sie reinkommen, und ich freue mich, wie sie am Ende des Tages wieder rausgehen. Coachings und Seminare gibt es viele. Vielleicht haben Sie sogar das eine oder andere besucht. Sogar ich habe einige einmal besucht. Aber kein zweites Mal. Jedes Mal das Gleiche.

Die Basis für meine Seminararbeit als Coach für Kommunikation und Körpersprache liefert vor allem die Erfahrung vor Publikum, also klar und verständlich mit Mimik oder Gestik zu sprechen, sich also körpersprachlich klar mitteilen zu können. Der Beruf des Schauspielers ist, die Sicherheit hier nicht nur theoretisch zu beplaudern, sondern die Dinge auch miteinander aktiv umzusetzen. Zusehen, nachmachen, proben, wiederholen, spüren, erleben und letztlich wiedergeben können. Haben die Seminaristen erst einmal Lunte gerochen, wollen sie mehr erfahren über sich, wie man andere Menschen lesen kann, und sie wollen wissen, worauf es bei der Körpersprache ankommt. Denn man kann Körpersprache lernen, sie ist eben auch eine Sprache. Wenn Sie eine Sprache erlernen oder perfektionieren wollen, was tun Sie? Genau: üben, wiederholen, trainieren. Wie kann man seine Körpersprache trainieren? Natürlich durch Benützen, durch Bewegen des Körpers allgemein oder gezielt in speziellen Rollen, oder wenn man Sport betreibt. Grundsätzlich kann jeder Sport zur Verbesserung seiner Körpersprache beitragen. Wenn ich auf der Bühne stehe, frage ich das Publikum der Comedyshow *BODY LANGUAGE*, welchen Sport wer macht. Da kommt ganz oft spazieren gehen, Rad fahren oder laufen. Schön und gut. Aber auf die Körpersprache bezogen sind Sportarten dann von besonderer Hilfe, wenn man einen direkten Spiel- oder Trainingspartner als Gegenüber hat, dessen Verhalten oder nächstes taktische Manöver man erkennen, also ablesen muss. Durch intensives Beobachten und Einschätzen des Gegenübers muss man den nächsten Spielzug erkennen können. Mein Favorit unter allen Antworten, die ich jemals aus dem Publikum bekommen habe, ist aber Nordic Walking. Es heißt zwar Nordic, wird aber auch im Südburgenland praktiziert. Die Nordic Walker. Das sind die, die im Hochsommer mit zwei Schistöcken bewaffnet meist in Großgruppen durchs Flachland marschieren. Die schauen so bemitleidenswert aus, finde ich. Ganz arm irgendwie, so als wollten sie eigentlich Gletscherschifahren gehen, aber irgendwer dort hat ihnen die Schi g'fladert und jetzt müssen sie zu Fuß den Weg zurück nach Hause hatschen. Aber nein, die machen das freiwillig, weil's angeblich so gesund ist. Ganz ehrlich, Nordic Walking schaut so elend aus, da bin ich lieber krank. Aber für die Körpersprache immer noch besser Nordic

Walker als Johnnie Walker. Danach können Sie Körpersprache nicht mehr sprechen, sondern nur mehr lallen.

Etwas scheint mir noch wichtig anzusprechen, weil die Frage oft gestellt wird. In Österreich zumindest. Nämlich, warum ich nicht „Körpersprache" als Titel verwende, sondern eben das Wort „Bodylanguage"? Und gibt's da einen Unterschied? Das Wort Bodylanguage klingt besser, wie ich finde. Viel dynamischer, lasziv-weicher und fließender als das Wort Körpersprache. Und es erzeugt vor meinem geistigen Auge schon beim Hören das, was ich mir unter dem Begriff gerne vorstelle. Also ein geschmeidiges Körpergefühl. Sie verstehen, was ich meine. Der Begriff Kör-per-spra-che hingegen wirkt eher hölzern, eckig und schwerfällig in meinen Ohren. Das kann Sie jetzt verwundern, aber das war schon in meiner Kindheit so ähnlich. Gewisse Wörter, also Bezeichnungen für etwas, waren für mich damals schon nicht so, wie sie ausgesehen haben. Ich gebe Ihnen mein persönliches Beispiel. Immer wenn wir Kinder vor dem Essen etwas Süßes haben wollten, oder auch danach, oder sogar dazwischen, ja, wir waren verfressen, dann haben wir gefragt, ob wir nicht eine Schokolade haben dürfen. Oder nur ein kleines Stückerl Torte. Und die Antwort war immer dieselbe:

„Na, vor dem Essen eine schwere Torte, sicher nicht! Ein Keks dürft's haben."

Das Wort Keks erzeugte scheinbar damals in meiner Mutter und auch in mir als Kind nicht das Gefühl, es handle sich dabei um etwas Schweres, Fettes, oder gar eine Nascherei. Das Wort Keks klingt nicht wie etwas, das dem Appetit aufs ordentliche Essen irgendwie entgegenstehen könnte. Nein, Keks klingt, kraft Phonetik, nach etwas Kleinem. Etwas Leichtem, etwas Unbedenklichem.

Das Wort Torte hingegen klingt, vor allem wenn man den dreisilbigen Begriff „Malakow-", oder schlimmer, den viersilbigen, raumfüllenden Begriff „Schokolade-" voranstellt, richtig schwer. Bitte sagen sie das Wort Keks und dann das Wort Schokoladentorte. Und jetzt stellen Sie sich beides vor. Zweiteres klingt schon magenfüllend und macht Kindern ordentliches Essen so gut wie unmöglich. Obwohl die mit Zucker glasierten Kekse, die wir als Kinder von der Mamma gekriegt haben, wie mittelgroße Gmundner Keramikteller ausgeschaut haben. Groß, braun, schokoladig glasiert. Danach war man aufgezuckert, wie die Morgendosis für einen Insulinjunkie. Und seitdem versuche ich Dinge nicht nur nach dem sprachlichen Begriff, sondern auch nach deren gefühlten Aussagen und nach deren Aussehen zu verstehen und zu spüren. So ist es bei mir auch mit den Worten Bodylanguage und Körpersprache. Ich wäge sie emotional ab. Und so ist es, werden Sie sehen, auch in der Körpersprache. Wir beurteilen nach dem, was wir vor uns sehen, was wir dadurch spüren, welchen Eindruck es macht und beurteilen ganz emotional diesen Eindruck. Dass ich mich letztlich für das Wort Bodylanguage im Titel entschieden habe, kann auch daher kommen, dass es Anfang der 2000er Jahre eine gleichnamige beeindruckende Welttour Bodylanguage von Kylie Minogue gab. Wenn Sie

Kylie Minogue schon einmal tanzen und performen gesehen haben, wird der Begriff Bodylanguage für Sie auch geschmeidiger und passender klingen. Jedenfalls passender als das, was das deutsche Wort Körpersprache zu verstehen gibt.

VIDEO: BODYLANGUAGE KYLIE MINOGUE
https://www.youtube.com/watch?v=YOnszZASGrQ

2. GEBOT
UNSER AUSDRUCK HINTERLÄSST
EINEN EINDRUCK

Unsere Eltern haben uns als Kinder immer und immer wieder gesagt, dass der erste Eindruck zählt. Der zweite aber auch, das haben sie meist nicht gesagt. Und noch ein stilprägender Satz, den auch Sie bestimmt von Ihren Eltern gehört haben:

„Schau, dass die Hände immer sauber sind."

Und natürlich, dass auch die Finger immer sauber sind. Mann kann ja keinen dreckigen Eindruck hinterlassen. Und schau immer, dass nichts zwischen den Zähnen pickt. Das ging bis hin zur gebetsartigen Wiederholung, immer eine frische Unterhose anzuziehen. Weil man ja nie weiß, was alles passiert. Ein Zwischenfall. Ein Notfall. Ein Unfall gar und man hat keine frische Unterhose an. Meine Großmutter hat dieses Bild in mir bis an die Grenzen der Angst ausgereizt. Und zwar so weit, dass ich als 30-Jähriger noch Angst hatte und folgendes Bild vor meinem geistigen Auge. Ich habe einen Unfall, liege auf der Straße, der Notarzt kommt und schaut sich zuerst meine Unterhose an und sagt dann mit ernster Miene zu den Kollegen von der Rettung:

„Den müssen wir verbluten lassen, der hat keine frische Unterhose an!"

Heute weiß ich, die Eltern und Großeltern haben was Anderes gemeint. Unser erstes Zusammentreffen mit wichtigen Menschen, Vorgesetzten oder in der Schule mit dem Lehrkörper sollte von gutem Benehmen und optisch einwandfreier Erscheinung geprägt sein. Grundsätzlich alles richtig. Uns war ja als Kinder nicht wirklich bewusst, wie wichtig das erste Mal sein kann.

Die Wissenschaft definiert Körpersprache wie folgt: Die Körpersprache ist Teil der zwischenmenschlichen Basiskommunikation. Sie zeigt unserem Kommunikationspartner unsere Gefühle und ist somit auch der Ausdruck unserer inneren Befindlichkeit. Der gleiche kleine Gedanke beschleicht Sie genau wie mich, als ich das zum ersten Mal gehört habe. Wenn das stimmen sollte, hieße das dann, dass sich rund neunzig Prozent der Österreicher in einem inneren Ausnahmezustand befinden?

Wenn ich meine Comedyshow *BODY LANGUAGE* im Theater spiele, ein Inhouse-Seminar oder einen öffentlichen Vortrag über Körpersprache an einer Universität halte, dann stelle ich natürlich im Zusammenhang mit der Kommunikation im Allgemeinen auch folgende Frage: „Raten Sie bitte mal, wie viele Sprachen auf der Erde gesprochen werden?" Meist ratlose Gesichter, weil sich die wenigsten mit der Sprachenanzahl Sprachen auseinandergesetzt haben. Wozu auch? Die meisten Menschen haben sich nicht einmal mit einer, also der eigenen Sprache auseinandergesetzt. Aber zurück zum Raten. Raten Sie doch bitte. Was glauben Sie, wie viele Sprachen auf der Erde gesprochen werden?

Üblicherweise tippen viele auf rund zweihundert Sprachen. Eine andere Gruppe meint, es müssten rund tausend Sprachen sein. Aber den meisten bleibt der Mund offen stehen, wenn Sie hören, dass es über sechstausendfünfhundert Sprachen gibt, die auf der Erde gesprochen werden. Und jetzt raten Sie bitte noch, wie viele Körpersprachen wir Menschen haben? Exakt! Es gibt genau eine Körpersprache. Und keine bekannte Studie weist darauf hin, dass irgendein Teil der Menschheit von dieser ausgenommen wäre. Auch nicht die Österreicher.

Also, wir Menschen sprechen rund sechstausendfünfhundert verschiedene Sprachen und da ist Wienerisch wahrscheinlich noch gar nicht dabei.

Der Grund für diese hohe Zahl liegt in der extremen Vielfältigkeit auch regionaler Sprachen. Wussten Sie, dass allein die Tiroler Sprachfamilie pro Tal je eine, fast autarke Sprache hat? Und trotzdem haben wir Menschen nur eine einzige Körpersprache! Sogar die Tiroler! Wir können also Fremdsprachen lernen und sprechen, lebendige Sprachen, oder auch tote Sprachen, also nicht mehr gebräuchliche wie Latein. Das heißt, dass wir alle die gleichen, nämlich vielfältige Chancen haben, oder zumindest theoretisch die gleichen Möglichkeiten, uns verschiedenst verbal auszudrücken. Sechstausendfünfhundert Möglichkeiten uns verbal auszudrücken! Und ganz ehrlich, wie viele Leute aus Ihrem eigenen Umfeld kennen Sie, die es nicht einmal auf eine Sprache bringen? Viele Mitbürger und -innen sprechen nicht einmal die eigene Muttersprache in groben Zügen. Das sind oft jene, die fremdsprachigen Mitmenschen einen Deutschkurs ans Herz legen.

Aber wir sprechen eben nur eine Körpersprache. Als gebürtiger Italiener und gelernter Österreicher ist man stark vorbelastet in Sachen Körpersprache. Mein Vater genetisch sortenreiner Neapolitaner, meine Mutter eine Wienerin bis zur Penetranz, oder, um es in den Worten Senta Bergers zu sagen: „Ich bin keine Österreicherin, ich bin Wienerin!" Meine Eltern waren beide stets von der natürlichen Dominanz ihrer Herkunftsländer, Leitkulturen und Muttersprachen überzeugt. Und Mamma wie Papà beseelt von einem ausgeprägten menschlichen Starrsinn und mit einem Zug zum ehelichen Streitsinn. Sie können sich also vorstellen, dass meine Kindheit von verbalen und körpersprachlichen Auseinandersetzungen geprägt war, und das im Extremen. Intensiv, exzessiv, manchmal lasziv und martialisch, zuweilen komisch und manchmal nahezu *lebensbedrohlich!* Zumindest hatten wir als Kinder diesen Eindruck, nach dem augenscheinlichen Verhalten der beiden. Imponiergehabe, Balzverhalten, Drohgebärden, alles da. Natürlich kam es nie wirklich zu körperlicher Gewalt! Mein Papà hätte sich das nie getraut, und meine Mamma hätte sich das nicht gefallen lassen. Die Mamma hätte ihn um einen weiteren Kopf kürzer gemacht als er ohnehin schon war. Nicht dass meine Mamma handgreiflich gewesen wäre. Nein! Ganz allgemein greifen Frauen bei zwischenmenschlichen Auseinandersetzungen statistisch gesehen primär meist nicht zu Gewalt. Frauen machen das viel subtiler. Meine Frau zum Beispiel kocht. Das hat schon meine Mutter für meinen Vater so gemacht. Und wenn die kommunikative und körpersprachliche Auseinandersetzung etwas extremer war und sie deshalb einmal besonders ekelhaft sein wollte, dann hat sie ihm sogar etwas Italienisches gekocht. Von den Italienern im Allgemeinen und von den Süditalienern im Besonderen, hier wiederum von den Neapolitanern, können wir durch Beobachtung lernen, was die Bedeutung der Körpersprache ist.

Die italienische Kommunikation ist nicht, wie manche augenzwinkernd sagen, das Sprechen mit einer Pistole in der Hand, nein, es ist das Sprechen mit Händen und Füßen. Schon in der frühesten Zeit der Menschheit gab es, wenn Sie so wollen, die Italiener unter den Kommunikationstypen. Die nenne ich jetzt einmal so, weil sie nicht nur auf Inhalt und Sprache zurückgegriffen haben, sondern sich in ihrer Kommunikation auch den Ausdrucksmöglichkeiten des Körpers bedient haben. Also auch Hände und Füße, Gesicht, ja sogar den ganzen Körper verwendet haben. Diese Art der Kommunikation, Körpersprache gepaart mit Inhalt und Sprache, ist die wohl komplexeste Art und Weise, wie Menschen miteinander kommunizieren können. Das soll nicht automatisch heißen, dass das auch die zielführendste Art und Weise ist. Siehe Mamma und Papà De Luca. Aber die italienische Kommunikation umfasst alle Ebenen, die wir kennen, und ist vor allem meiner Erfahrung nach genauer, da sie mehr Sinne miteinbezieht. In der sprachlichen, also der verbalen Kommunikation wird nur unser Gehör angesprochen. Die itali-

Albert Einstein und die fünf Sinne

enische Kommunikation umfasst auch Sinne wie das Sehen, das Fühlen, also unseren Tastsinn, und bei umfangreicher Ausführung, also im Neapolitanischen, auch das Riechen und das Schmecken, da man sich oft berührt oder gar links und rechts küsst.

Wie bedeutend die Körpersprache für unsere Gesamtkommunikation ist, definiert die moderne Wissenschaft spätestens seit dem Auftauchen des sogenannten Eisbergmodells. Der Begriff Eisbergmodell ist recht passend gewählt. Denn bei einem Eisberg taucht eben nur die Spitze aus dem Wasser, klar und deutlich sichtbar und daher unserer Wahrnehmung bewusst. Der nicht bewusst wahrnehmbare Großteil des Eisberges liegt unter der Wasseroberfläche. In der zwischenmenschlichen Kommunikation nehmen wir die bewusste Kommunikationsebene, also Inhalte, Zahlen, Daten und Fakten und unsere Sprache, ebenso bewusst wahr. Der Großteil aber, also der nicht wahrnehmbare Anteil, der emotionale Anteil, liegt wie bei einem Eisberg unterhalb unserer bewussten Wahrnehmung. Das Eisbergmodell in der Kommunikation definiert die Wahrnehmungsanteile unserer Basiskommunikation in Prozent, wobei neueste Erkenntnisse der Kommunikationsforschung zeigen, dass die Körpersprache nicht nur achtzig Prozent ausmacht, sondern sogar einen Anteil von bis zu neunzig Prozent haben dürfte. Das Eisbergmodell war bereits in den Fünfzigerjahren ein gängiges Modell zur Verdeutlichung unserer zwischenmenschlichen Kommunikation. Es gilt als eine der wesentlichen Säulen der Kommunikationstheorie und sagt im Prinzip aus, dass der überwiegende

Großteil unserer menschlichen Kommunikation nicht durch Inhalte oder Sprache geprägt ist, sondern, wie oben bereits beschrieben, die Basis von der optischen Wahrnehmung unseres Verhaltens bestimmt wird. Wir verstehen also besser, wenn wir sehen. Und zwar deutlich!

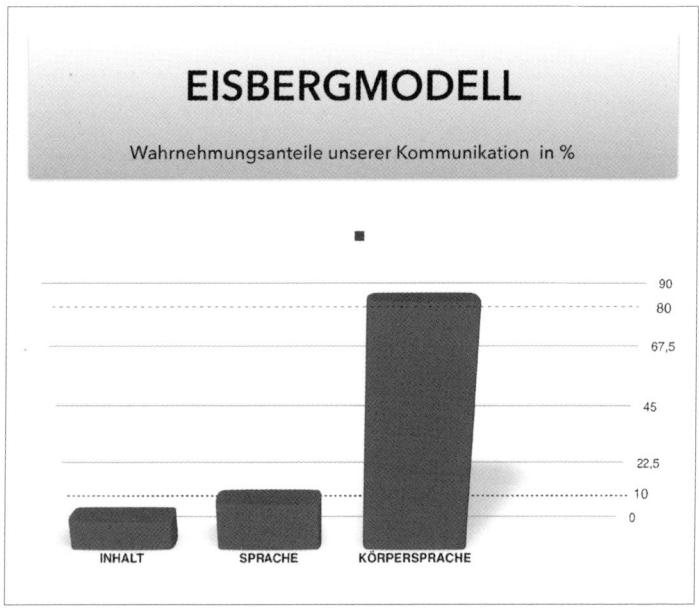

Das Modell geht bereits auf Sigmund Freud zurück

3. GEBOT
MIT F.A.C.S. ANDERE
STEUERN KÖNNEN

Die Informationen unserer Körpersprache kommen über drei verschiedene Ebenen an uns heran. Was genau sind diese? Sie lassen sich in drei große Bereiche unterteilen, wobei Ihnen zwei Bereiche namentlich durchaus geläufig sein werden. Die Gestik und die Mimik. Aber es gibt da auch noch die weniger bekannte Proxemik. Mit dieser werden wir uns, wenn wir uns mit Körpersprache näher auseinandersetzen, zuerst einmal beschäftigen.

Die Proxemik

Die Proxemik ist die Bewegung im Raum. Dazu gehören gehen, laufen, sich nach vorne oder hinten beugen, sich bücken. Das kann das Annäherungsverhalten einer Person an eine Gruppe oder an ein Individuum sein, oder auch das Bewegungsverhalten innerhalb der Gruppe, oder eben die Bewegung im Raum. An der Proxemik erkennen wir die Sprache des Körpers also schon aus weiter Entfernung, wie sich uns jemand nähert, wenn er auf uns zugeht. Wir lesen daraus, ob derjenige zielgerichtet oder diffus unterwegs ist. Zum Beispiel ein Angesoffener, der sich uns nähert. Wir versuchen also aus der Raumbewegung zu erkennen, ob die Person eventuell sogar gefährlich für uns sein kann. Oder eben nicht. Stellen Sie sich Folgendes vor: Es ist nebelig und trüb und Sie gehen auf der Straße, Sie nehmen im Halbdunkeln verschwommen eine Figur wahr. Sie können das Gesicht noch nicht erkennen, weil die Person noch zu weit entfernt ist. Aber Sie sehen die Silhouette und Sie hören die Schritte. Und daran können Sie sofort festmachen, um wen es sich handelt. Es ist … der Glöckner von Notre Dame. Fast. Es ist der Papa, der ein schweres Billa-Sackerl tragen muss, ganz alleine. Das ist die Proxemik. Wir können also auch hier bereits an der Raumbewegung einer Person erkennen, um wen es sich handelt. Wohin sie sich bewegt. Wie sicher ihre Schritte sind, wie schnell sie sich bewegt und vieles mehr. Das gelingt uns besonders gut bei Personen, die wir lange kennen oder die uns besonders nahe stehen. Also der Ehemann, die Ehefrau, die beste Freundin, der langjährige Firmenkollege und so weiter.

Besondere Berufsgruppen können sogar ihre eigene Proxemik entwickeln beziehungsweise ihren eigenen proxemischen Stil. Soldaten, die das Marschieren lernen und salutieren müssen. Ein breitentauglicheres, weil insbesondere durch TV-Shows bekanntes Beispiel sind Laufsteg-Models. Es kommt zwar keine Frau irgendwo auf die Welt und lernt von ihrer Mutter so zu gehen wie ein Model, oder weil es die Umweltbedingungen erfordern würden. Auch nicht weil's genetisch bedingt ist. Laufsteg-Models lernen das für den Catwalk, also das abnormale und widernatürliche Staksen, weil sie glauben, das geht so. Aber vielleicht kann man mit Untergewicht nicht anders gehen? Oder sie wollen einfach wem gefallen. Dem Lagerfeld zum Beispiel. Sie kennen Karl Lagerfeld, das ist der Mann, bei dem Frauen bereits ab vierzig Kilogramm Gewicht zu den Dicken gehören. Einst hat er einmal gesagt, wer dicke Frauen sehen wolle, dürfe nicht zu einer seiner Modenschauen kommen, denn er buche für die Shows nur schöne Frauen mit der richtigen Attitüde und der perfekten Bodylanguage. Models haben diesen ganz besondern Gang, diesen staksigen Gang, den sogenannten Stepper- oder Storchengang. Der wirkt auf uns zu Recht unnatürlich. Die Stepper treten nämlich mit den Zehenballen zuerst auf anstatt mit der Ferse. Und die Models zwicken auch die Popobacken zusammen, als hätten sie sich angekackt. Models und angacken ist ja eigentlich ein Widerspruch in sich, weil die Nahrung den Köper meist lange vorher, und auf dem gleichen Weg wie bei der Aufnahme, wieder verlässt.

Die meisten magersüchtig, Schultern immer ganz zurück, Hals ganz weit nach vorne. Und dann gehen sie diese Kurven am Ende des Catwalks. Man glaubt, die nächste fetzt es jetzt gleich in die dritte Reihe mit abschließendem Oberschenkelhalsbruch. Aber nein. Es handelt sich nicht um eine medizinische Gangstörung. Models sollen so gehen. Weil's halt gut ausschaut. Nein.

Der Sinn des Gleichschrittes, also des gleichen Gehens, ist die körpersprachliche Vereinheitlichung. Und zwar deshalb, weil sie mit diesem Ausdruck der Körpersprache ein Stilmittel bedienen. Models auf dem Catwalk repräsentieren ihren „Stall", für den sie laufen. Haute Couture im Stechschritt sozusagen. Und spätnachts das Model müde, hungrig auf sein Lager fällt, bei Lagerfeld.

Unsere individuelle Art zu gehen erlernen wir allerdings nicht, sondern entwickeln sie im Laufe unserer Jugend. Bereits in der Pubertät, während wir also körperlich und geistig wachsen, ist unser Gehen, also unser spezieller Gang, bereits ausgewachsen und hat sich manifestiert. Von da an bildet er einen spezifischen Anteil unserer individuellen Körpersprache. Unsere Proxemik, vor allem aber die Weise, wie wir gehen, behalten wir ein Leben lang bis ins hohe Alter. Sie sagt etwas über uns Menschen aus, denn jeder Mensch hat seine eigene Proxemik, vor allem was das Gehen anbelangt. Weil Gehen bei jedem Menschen eben so typisch ist, sind wir am Gehen ganz leicht zu erkennen. Selbst wenn wir unser Gesicht verändern, durch eine Maske oder eine Brille samt Bart oder auch durch eine Gesichtsoperation, die uns völlig anders aussehen lässt.

Am individuellen Gang eines Menschen ist er klar auszumachen. Matchen sich Parameter wie Schrittlänge, Rhythmus, Fußwinkel, wissen wir, um welche Person es sich handelt. Auch die Polizei und das amerikanische FBI wissen um diese Eigenheit der Bodylanguage. Auf ausgesuchten Flughäfen der USA zum Beispiel findet man genau wegen dieser Eigenheit sogenannte proxemische Gänge. Das sind Gänge, durch die die Passagiere und damit auch potentiell Verdächtige durchgehen, die bei der Passkontrolle aufgrund anderer biometrischer Daten womöglich noch nicht aufgefallen sind. Und ohne dass sie es wissen, und allein aufgrund ihrer Art zu gehen, kann man feststellen, ob der Verdacht sich erhärtet und es sich doch um einen lang gesuchten Verbrecher, Terroristen oder Mafiaboss handelt. Wer Mission Impossible – Rogue Nation gesehen hat, weiß, wie ein proxemischer Gang funktioniert. Am Ende der Water-Szene muss Simon Pegg alias Benji Dunn durch einen solchen Gang durchgehen und an seinen Schritten wird gemessen und abgetastet, ob er der ist, für den er sich ausgibt. Unsere Proxemik, unser individuelles Gehen verrät also viel über uns und unsere Befindlichkeit.

VIDEO: WAS UNSER GANG VERRÄT
https://www.youtube.com/watch?v=UC8OxHtqJR8

Die Gestik

Um es einmal ganz wissenschaftlich zu sagen: Die Gestik ist ein weiterer wichtiger Bestandteil unserer zwischenmenschlichen Kommunikation und Teil der Körpersprache. Sie ist die Zusammensetzung aller menschlichen Gesten. Der Begriff Gestus kommt aus dem Schauspiel und wird im Onlinelexikon Wikipedia wie folgt recht logisch zusammengefasst:

„Gestus umfasst die Gebärden eines Schauspielers oder Redners. Es gehört zum Verb lat. gerere in der deutschen Bedeutung von zur Schau tragen, sich benehmen."

Und weiter:

„Gesticulus, die pantomimische Bewegung, (…) vom lat. Verb gesticulari abgeleitet, aus dem im 16. Jh. das Wort suggerieren und im 17. Jh. das Wort gestikulieren entlehnt wurden. Gestik und Gestikulation zeigen mentale Abläufe, und sie sind ein aktueller Ausdruck der Psyche einer Person."

Der klassischen Arena der Cäsaren und Redner gegenübergestellt, wäre die moderne Plattform für große Gesten und Gestik der Fußballplatz. Man sieht dort alle Varianten, alle Facetten der Körpersprache und das quer durch alle Kulturkreise. Man sieht die Spieler, die Geldgeber, die Fans, die Trainer am Spielfeldrand. Letztere können sich oft nicht sprachlich rund ausdrücken (Kraftausdrücke ausgenommen), aber mimisch, gestisch und proxemisch ganz großes Theater!

Einfache und starke, große, gut sichtbare Gesten haben sie drauf, für ihre Spieler. Klar verständliche Botschaften mit vollem Körpereinsatz. Mimik und Gestik greift. Wir brauchen keinen Ton hören, um zu verstehen was sie meinen. Jeder Spielzug wird körpersprachlich aufgeregt kommentiert. Besonders die Entscheidungen des Schiedsrichters auf dem Platz. Wobei dessen Entscheidungen beim Fußball samt gestischer Anweisungen zwar für alle „verständlich", aber mindestens für eine Hälfte am Platz nicht automatisch auch nachvollziehbar sind. Aber grundsätzlich versteht jeder die meisten Gesten und kann daher einfache und klare Gesten dienlich einsetzen, um in fast jedem Gespräch wichtige Inhalte zu betonen oder der Rede mehr Bedeutung zu geben.

Das Unterstreichen der Rede mittels Gestik ist bei den Italienern besonders ausgeprägt. Hier wiederum bei den italienischen Fußballtrainern.

VIDEO: GIOVANNI TRAPATTONI
https://www.youtube.com/watch?v=yU5bqG9Fx8g

Warum passen Italiener und Körpersprache so gut zusammen?

Italien, und wenn ich Italien sage, so spreche ich von Süditalien. Dieses Italien war ja lange Zeit ein Konglomerat aus verschiedenen Stadtstaaten, Regionen und sogar rivalisierenden Familien, die wie Herrscher in kleinen Ortschaften lebten. Es gab verschiedene Entwicklungen, verschiedene Hintergründe, verschiedene Kulturen und unterschiedliche Sprachen. Rund um meine Geburtsstadt Neapel zum Beispiel gab es und gibt es bis heute Gebiete und Siedlungen, in denen noch astreines Albanisch gesprochen wird. Eine sehr alte indogermanische Sprache mit vielen Lehnwörtern aus dem Griechischen. Ebenso kamen sprachliche Einflüsse mit der Eroberung durch die Normannen und auch durch die späteren Herrscher aus dem Hause Habsburg nach Süditalien. Im Schmelztiegel der Kulturen und Sprachen Neapels entwickelte sich also daher die Körpersprache der dort lebenden Menschen besonders intensiv. Gestik und Mimik waren besonders vielschichtig und vor allem ausdrucksstark und hatten eine wichtige Funktion. Nämlich den Menschen die unterschiedlichen Wörter durch Fremdspracheneinflüsse visuell zu erklären, zu verdeutlichen.

Gestik und Mimik in Kongruenz mit der gesprochenen Sprache waren so etwas wie eine visuelle Übersetzung. Ähnliche Entwicklung und Funktion von Gestik und Mimik lassen sich auch im fernen Osten oder auf den japanischen Inseln ausmachen. Die Menschen auf dem Land und die einfachen Handwerker, also die niedrigen Stände, sprachen eine einfache Sprache. Der japanische Tenno, der Herrscher, hielt seine Höflinge an, den Menschen überall in seinem Reich die mythischen Geschichten, aber auch die Ziele und den Willen des Herrschers und somit die göttliche Bedeutung des Tenno nahezubringen. Das zu vermitteln war damals am besten über Schauspieler, Sänger und Darsteller möglich, die mit ihrer Schauspielertruppe durch das ganze Reich geschickt wurden. Da die Texte und Inhalte der japanischen Mythologie in einer hochstehenden, also höfischen Sprache verfasst waren, die die Menschen am Land nicht verstehen konnten, wurden diese Inhalte mittels Körpersprache fürs einfache Volk übersetzt. Und zwar mittels Gestik, Mimik und Proxemik. Diese Übersetzungsfunktion ist bis heute gängig.

Die Maori sind die Ureinwohner Neuseelands. Und sie spielen leidenschaftlich gerne Rugby. Und sie sind die Besten! Aber bevor sie zu spielen beginnen, schicken sie als Team, als Familie, eine Bodylanguage-Botschaft an die gegnerische Mannschaft. Sie tanzen vor dem Anpfiff auf dem Spielfeld den traditionellen Haka-Tanz, den Ritualtanz der Maori. Eine eindeutige körpersprachliche Angelegenheit. Wer die Mannschaft tanzen gesehen hat, wird die Botschaft sofort verstehen. Watch this!

VIDEO: HAKA-TANZ DER MAORI
https://www.youtube.com/watch?v=UOjRw44kZ6c

Die Gestik umfasst unsere körpersprachlichen Bewegungsmerkmale, die wir mit unserem Kopf, den Armen oder Händen üblicherweise tun. Unsere Gesten sind zwar nicht angeboren, aber dennoch ist es bei der Gestik ähnlich wie bei der Proxemik. Wir können bestimmte Gesten bestimmten Personen zuordnen. Also kann man sagen, dass bestimmte, immer verwendete Gesten auch Person A oder Person B zuzuordnen sind. Gesten können also Erkennungsmerkmale sein. Denken Sie an Promis. Sie brauchen gar nicht lange zu überlegen und können anhand der besonderen Körpersprache, in dem Fall anhand der Gestik, sofort die richtige Person zuordnen.

Test

Rufen Sie sich ins Gedächtnis oder googeln Sie vorab, welche speziellen Gesten zu den hier angeführten Personen gehören. Üben Sie diese Gesten und machen Sie diese dann möglichst präzise nach. Bitten Sie Freunde oder Ihre Familie dabei zuzusehen und mitzuraten, zu wem welche Geste gehört.

ADOLF HITLER

ANGELA MERKEL

USAIN BOLT

WINNETOU

Die Mimik

Die Mimik ist jener Teil unserer Körpersprache, der das Gesicht umfasst. Unsere Mimik zeigt nach außen, in welchem inneren Zustand wir uns befinden. Die Mimik drückt also unsere innere Befindlichkeit am deutlichsten aus. Unsere Mimik ist für unser Gegenüber leicht zu sehen und somit auch leicht zu erkennen. Mimik ist sehr fein und diffizil und kann, vergleichbar der Grammatik in der Sprache, in der richtigen Zusammensetzung, Reihenfolge und Konnotation, Informationen und Inhalten die richtige oder falsche, eine stärkere oder schwächere Bedeutung geben.

Jeder hat schon irgendwann einmal den Satz gehört:

„Na, der hat ein Gesicht gemacht!

Ohne diesen „der" näher zu kennen, weiß ich, dass „der" wirklich ein Gesicht gemacht haben muss. Ein ganz bestimmtes Gesicht. Wenn man Leute fragt, welche Mimik „der" gemacht hat, dann können sie diese oft gar nicht genau beschreiben. Nachmachen geht sowieso fast nie. Jeder weiß zwar, was Mimik ist, jeder weiß, dass man sie selbst auch hat und sie benutzt. Aber irgendwie scheitern wir an der ureigensten, fast möchte ich sagen logischsten, weil alltäglichsten Komponente unserer zwischenmenschlichen Kommunikation. Wahrscheinlich, weil sie so komplex ist. Mit unseren rund sechsundzwanzig Hauptmuskeln, die wir im Gesicht haben, können wir nicht nur die sogenannten Haupt- oder Grundmimiken gezielt, also einzeln machen. Wir sind darüber hinaus imstande, diese miteinander zu kombinieren und so weitere dutzende Möglichkeiten darzustellen. Dazu kommen noch, nach neuester Erkenntnis der Forschung, die sogenannten „Microexpressions", also im normalen Gespräch zwischen Menschen fast unsichtbare, weil zu schnell ablaufende mikroskopische Mimiken. Alleine die Zwischen- oder Mikromimiken könnten Fotoalben füllen.

Im Business kann die richtige Mimik den Verlauf eines Verkaufsgesprächs zum Beispiel maßgeblich beeinflussen. Unsere Mimik kann dem Gesprächspartner verraten, was wir denken, ob wir das Gesagte ehrlich meinen, ob wir uns wohlfühlen, ob wir einverstanden sind. Also kann man sich merken: Mimik kann uns zu großem Erfolg verhelfen oder zu großem Verlust führen. Ein einfaches Beispiel: Poker. Ein professioneller Pokerspieler ist natürlich einerseits im Spiel auf seine Karten angewiesen. Ein gutes Blatt ist wichtig, um siegen zu können. Aber genau so wichtig ist sein Verhalten, seine perfekte Mimik, das sogenannte Pokerface. Denn seine Körpersprache verrät den Mitspielern am Tisch, ob er Stress hat oder ob er zuversichtlich ist zu gewinnen. Ob er überrascht, frustriert, enttäuscht oder siegessicher ist. Und vieles mehr.

Und das ist eben nicht nur beim Pokerspielen so. Wenn Ihr Chef oder Ihre Chefin, denen Sie gerade einen Rapport abliefern, eine leicht aggressive Grimasse schneidet und den Mund einseitig nach unten zieht oder die Nase rümpft, dann sehen Sie an dieser Mimik, dass der Chef oder die Chefin Ihren Bericht nicht so prickelnd findet. Und daher stimmt Ihnen die Chefität mit dieser Mimik ganz bewusst, oder eben unbewusst, nicht zu. Oder Ihr Chef oder Ihre Chefin hat Fazialisparese, also Schwierigkeiten mit der Gesichtsmimik, weil er oder eben sie als Kind Gesichtslähmung hatte, wie der bekannte Hollywoodstar Sly Stallone. Aber im Normalfall kann man im Gesicht eines Menschen lesen wie in einem offenen Buch. Wie in einem Bilderbuch. Bei der Mimik gilt die Regel, wie auch bei der Proxemik, je besser wir einen Menschen kennen, desto leichter fällt es uns seine Mimik zu verstehen und zu deuten. Das gilt allerdings nicht bei Menschen in jedem Lebensabschnitt. Eine Sonderstellung im Kapitel Mimik von Menschen nehmen Pubertierende ein. Wenn Sie selbst Kinder im Alter zwischen zwölf und siebzehn Jahren haben, dann wissen Sie vielleicht, wie das gemeint ist. Aus Gesichtern von Pubertierenden kann man oft nur schwer oder auch sehr wenig herauslesen und erkennen. Das liegt daran, dass sie ganz oft nur einen einzigen Gesichtsausdruck verwenden. Ich nenne diesen Gesichtsausdruck die Pubertätsmimik. Und sie sagt uns:

„Ich weiß überhaupt nicht, was Du von mir willst?!"

Wenn Pubertierende diesen „Ich weiß überhaupt nicht was Du von mir willst"-Ausdruck machen, will man ihnen am liebsten eine … Frage stellen, nämlich:

„Was schaust' so deppert?"

Die von mir sogenannte „Pubertäts-Mimik"

Oder die andere Frage:

„ Hast Dein Zimmer schon aufg'räumt?!"

Warum ist das so? Ich selbst kenne aus der Literatur und Wissenschaft keine befriedigende Antwort, die das zufriedenstellend klärt. Die Antwort, die ich Ihnen gebe, ist eine meiner Thesen, die ich basierend auf meinen Erkenntnissen über Körpersprache und meinen Erfahrungen und Beobachtungen aufgestellt habe.

Sie lautet wie folgt:

a) Da wir so viele verschiedene Mimiken haben, die man in der Pubertät noch nicht alle emotional schnell und richtig kontrollieren kann, und man auch nicht die richtige Mimik in der passenden Situation abrufen kann, bedient man sich der einheitlichen Pubertätsmimik.

Meine zweite These dazu lautet:

b) Pubertierende beobachten genau das Verhalten und so auch die Mimiken ihrer Eltern und wollen daher möglichst nicht so „dreinschauen" wie diese.

Das Kontrollieren unserer Emotionen, die sich eben ganz unbewusst in der Mimik, Gestik und Proxemik ausdrücken, ist eben sehr schwer.

In Gesichtern zu lesen ist eigentlich keine Kunst, nur verlernen wir es durch Dinge wie Fernsehen. Ich gebe Ihnen eines von vielen Beispielen.

Meine Frau, ich liebe sie sehr, schaut sich wöchentlich am Abend Grey's Anatomie an. Doppelfolge. Grey's Anatomie, Staffel 10, Folgen 112 und 113.

Für mich und bestimmt auch für viele andere Männer weltweit, deren Frauen auch Dr. Grey vertrauen, ein Alptraum. Meine Frau braucht das, sagt sie. Ich schau mir das nicht an, ich schaffe es nicht, weil körperliche Schmerzen bei mir auftreten. Nicht wegen der Operationen, die superrealistisch dargestellt werden, sondern wegen der Emotionen und menschlichen Verstrickungen, die entweder total übertrieben oder eben nicht superrealistisch dargestellt werden. Und selbst wenn man wegschaut. Sinnlose Dialoge wechseln sich mit traurig machender Musik ab. Interessiert eigentlich irgendwen, ob die Mary Ann aus Cincinnati, Ohio, eine Darmzyste hat und mit ihrem Chef seit Jahren ein Gspusi, das sie jetzt kurz vor der OP ihrem Mann gesteht? Ich will nicht dabei sein als Zuseher, wenn der feingeschliffene Dialog zwischen dem Mann und seiner bezysteten Gemahlin beginnt sich zu entspinnen. Ich habe mir sogar insgeheim gewünscht, dass die Mary Ann aus Cincinnati, Ohio, an der Darmzytse stirbt, damit der Schwachsinnsdialog und die Folge ein Ende haben. Und abgesehen davon ist diese Serie so unerträglich langweilig, da schau ich lieber einer Maus beim Verwesen zu. Aber, masochistisch wie ich bin, gehe ich letzte Woche zur gleichen Zeit wieder rein zufällig vom Büro in die Küche durchs Wohnzimmer, wo natürlich der Fernseher läuft. Grey's Anatomie, Staffel 10, Doppelfolge 114 und 115. Mit nur cinem Werbespot dazwischen und Mary Ann hat die Zyste überlebt und kann wieder reden und die beiden Ärztinnen, Fantômas lässt grüßen, können immer noch nicht aus ihren Gesichtern lesen. Ich frage meine Frau vorsichtig und zärtlich flüsternd:

„Schatzilein, was …?"

Und bevor ich die Frage noch beginnen kann, pfaucht sie:

„Pschhht!!!"

Obwohl noch gar kein Dialog war zwischen irgendwem. Aber man muss Verständnis haben, denn diesmal passierte Folgendes in der Anatomie: Die beiden Hauptärztinnen, die eine ist, glaube ich Asiatin, oder nur zu stark geliftet, die andere ist diese Oberärztin Grey, mittlerweile zur Unkenntlichkeit gebotoxt, und die beiden stehen auf einer Art Balkon in der Klinik und blicken hinunter auf die Patienten. Sie reden wichtige Dialoge, aber langsam wie immer, über ein sicher ganz wichtiges Thema untermalt von Schmalzmusik. Die Grey kommt aber offenbar nicht ganz mit der Wahrheit über „das ganz wichtige Thema" raus. Hier sollte man als Zuseher oder Zuseherin ganz genau auf die Mimik der beiden Gesprächspartnerinnen achten und zwischen den Zeilen lesen, oder in deren Gesichtern. Als kleiner Hinweis für das menschlich interessierte und für medizinische Notfälle geschulte Publikum, sagt die asiatischere der beiden:

„Ich kann aus Deinem Gesicht nicht lesen,
was Du mir gerade versuchst zu sagen."

Bingo! Das kann niemand. Weil beide, aber vor allem die Grey, keine funktionierende Gesichtsmimik mehr haben. Null. Niente. Nada. Die Frau Grey schaut nämlich mittlerweile aus, als hätte sie versucht einen Heißluftballon alleine aufzublasen. Sie kennen vielleicht die seichten französischen Fantômas-Filme aus den 60er Jahren, mit dem fantastischen Louis de Funès. Als Kind war ich ein Fan von Louis de Funès und vor allem von Fantômas. Fantômas ist der Schurke, der von Louis de Funès gejagt wurde. Er trug über Gesicht und Kopf eine blaue Latex-Gummimaske. Der Fantômas hat trotz Vollmaske mehr Mimiken draufgehabt als die beiden Hauptdarstellerinnen von Grey's Anatomie gemeinsam. Bitte, schauen Sie sich Grey's Anatomie einmal an!

Aber egal wie wir Menschen dreinschauen, es handelt sich dabei immer um einen Gesichtsausdruck, der auf unser Gegenüber einen Eindruck macht. Nun gibt es aber Mimiken, die einen ganz speziellen Eindruck machen. Diesen speziellen Mimiken können wir uns nur schwer oder auch gar nicht entziehen.

Es sind dies die menschlichen Grundmimken. Das F.A.C.S. ist das sogenannte Facial Action Coding System, ein Modell, das unsere Grundmimiken in spezielle Parameter unterteilt und eine Zuordnung definiert. Anhand dieser Skala können wir bestimmte Merkmale unserer menschlichen Mimik ablesen und verwenden, und wir können eine klare Zuordnung treffen, deren Inhalte bzw. Botschaften wir verstehen. Der spezielle Unterscheid zu allen anderen Mimiken besteht darin, dass diese sieben Grundmimiken weltweit von allen Menschen erkannt werden können. Ohne sie gelernt haben zu müssen oder sie erklärt bekommen zu haben, erfüllen sie diese spezifischen Funktionen, und wir alle können diese klar und direkt entschlüsseln und erkennen. Das Besondere daran ist außerdem, dass jeder Mensch auf der Welt die gleichen Grundemotionen hat, also auch die gleichen Grundmimiken. Egal aus welchem Land dieser Mensch kommt, aus welchem Kulturkreis, sie sind für ihn weltweit gleichbedeutend und verständlich. Die andere Besonderheit ist, dass wir die Mimiken des F.A.C.S. durch Spiegelneuronen in unserem Hirn übernehmen und durch sie eine neuronal-emotionale Kette ausgelöst wird, die vom Opponenten, nur in der umgekehrten Reihenfolge, rezipiert wird. Ein vereinfachtes Beispiel: Unsere Stimmung ist positiv und freundlich, F.A.C.S. = Freude, Mimik = Lächeln. Das Gegenüber sieht das Lächeln, die Spiegelneuronen scannen und erkennen diese Mimik, die positive und freundliche Stimmung wird erkannt und vom Gegenüber übernommen. Die Stimmung unseres Gegenüber wird auch positiv und freundlich. Diese Mimiken haben eine Besonderheit, die eigentlich nicht nur in der Mimik selbst, sondern vielmehr auch im Rezipienten, also dem Empfänger dieser Mimik liegt. Die Besonderheit liegt in den Spiegelneuroenen im präfrontalen Cortex (Stirnlappen). Spiegelneurone gelten den Hirnforschern als die biologische Ursache für das explizit menschliche Imitationsverhalten. Ohne diese Voraussetzung könnten wir andere Mitmenschen und deren Informationen über deren eigene Gefühle nicht wahrnehmen und verstehen. Spiegelneurone wurden eher zufällig entdeckt, und zwar von einem italienischen Neurobiologen, Giacomo Rizzolatti, bei der Erforschung des Verhaltens von Makaken, einer Affenart.

Einer von Rizzolattis Versuchen war folgender: Er legte vor den Augen der Makaken eine Frucht, einen Apfel oder eine Nuss, auf den Tisch, stellte aber einen Karton als Sicht-schutz davor. Dann griff er hinter den Karton nach den Früchten. Die Makaken sahen nicht, wonach er griff, aber sie erkannten, was er vorhatte, konnten also aus seiner Körper-sprache eine Absicht lesen und dementsprechend wurden ihre Spiegelneurone aktiv und begannen wie wild zu „feuern". Unsere menschlichen Spiegelneurone sind ebenso erregbar und wir reagieren auch auf bedeutungsloses Fuchteln und gri-massieren! Bereits kleine Babys können gezielt auf Grimas-sen, also Mimiken, die man ihnen vormacht, wie etwa Augen aufreißen, weinen und Zunge herausstrecken, heftig reagie-ren. Diese Spiegelneurone scheinen eine Erklärung dafür zu sein, wie ein Kind visuelle Information in Wissen umwandelt! Menschen können sich dadurch in andere Menschen einfüh-len und deren Absichten spüren und nachvollziehen. Diese neuronalen menschlichen Netzwerke sind also unbewusst für alle Emotionen, die wir wahrnehmen, und die daraus resultie-renden Reaktionen verantwortlich.

Hier zusammengefasst das Facial Action Coding System, kurz F.A.C.S.:

Freude

Angst

Verachtung

Wut

Ekel

Trauer

Überraschung

Sie können eine dieser Grundemotionen in jedem Gespräch, in jeder Konfrontation mit dem Partner, der Chefin, Freunden, bei Ihren Kindern, oder wo immer Sie wollen, einfließen lassen. Niemand kann sich diesen Grundmimiken und deren Informationen daraus entziehen, weil diese eben angeborene Reaktionen hervorrufen. Freude erzeugt Freude, Trauer erzeugt Trauer, Überraschung erzeugt Überraschung. Und so weiter. Auch wenn es oft nur minimal stattfindet, ist es doch vorhanden.

Es gibt so viele Möglichkeiten sich mimisch klar auszudrücken. Warum wissen das Politiker nicht, oder sie wissen es und scheuen sich die Körpersprache „organisch" und lebendig einzusetzen. Erinnern Sie sich an die Wahl. Welche Wahl, werden Sie jetzt sagen. Egal eigentlich, denn es sind immer wieder die gleichen typischen Bildmotive auf Wahlplakaten. Aber sagen wir einmal, weil es wirklich egal ist, die letzte Wahl in Deutschland, oder die letzte österreichische Nationalratswahl, oder der zeitlichen Nähe und der Erinnerung halber, die Wahl zum letzten österreichischen Bundespräsidenten. Es gibt immer eine Ansammlung, besser gesagt eine eigentlich zu erwartende Häufung an „Charismatikern". Und -innen. So viel Gleichheit ist hier zwingend angebracht. Meist sind die Kandidaten und Kandidatinnen weit entfernt von Mimik und Körpersprache. Die meisten haben noch nicht einmal eine interessante, sympathische oder eindrucksvolle Geste zur Wahl mitgebracht. Und es ließ und lässt sich auch auf den Plakaten das mimische Konzept mangels Ausdrucksstärke oder Ausdruckskraft meist nicht erkennen. Da gibt's immer etwas

Interpretationsspielraum. Der wird dann einfach gefüllt mit Menschen, Kindern oder Katzen und Hunden im Hintergrund, die mithelfen sollen, die zu Wählenden besser darzustellen. Am mimisch eindrucksvollsten sind aber die ernsten Einzelportraits, die immer dann vermehrt affichiert werden, je näher der Wahltermin rückt. Und der Souverän stellt sich dann die berechtigte Frage: Was wollen uns diese Leute auf dem Bild eigentlich sagen? Man schwankt bei Betrachtung der meisten Wahlplakate und der Gesichter zwischen der möglichen Aussage:

„Ich kann mi so nimma lang halt'n!“

Dicht gefolgt von:

„Ich kanns so nimma lang halt'n!“

Dazu ist zu sagen: Entweder wurden die Politiker und Politikerinnen alle von einem Coach beraten, der ihnen versichert hat:

„Auf dem Bild schauen Sie sehr authentisch und bedeutungsvoll aus. Das nehmen wir!“

Oder die meisten Politiker und Politikerinnen haben doch eine eher eingeschränkte Selbstwahrnehmung.

Aber warum weit schweifen, wenn das Gute liegt so nah. Sie werden bestimmt auch in Ihrem privaten Umfeld Menschen kennen, die eine eher eingeschränkte Selbstwahrnehmung haben oder deren Gesichter ohne definierbare, klare Mimik sind. Menschen, die einen nicht konkreten oder eigenartigen Gesichtsausdruck verwenden. Es gibt sogar Menschen, die überhaupt keine zuzuordnende Mimik haben. Ich nenne das „neutrale Mimik". Warum „neutrale Mimik", wenn es doch keine Mimik ist? Für mich ist diese Mimik ebenso ein Teil der Mimik unseres Gesichts und dazu noch ein nicht uninteressanter. In der neutralen Mimik kann sich durchaus etwas abbilden, auch wenn es nicht ganz direkt und offensichtlich zu erkennen ist. Mir ist es so beim Betrachten von Fotos aus Fahndungskarteien gesuchter Krimineller gegangen. Als ich in Zusammenarbeit mit der Polizei einmal die Gelegenheit hatte, mir die Gesichter der polizeilich Gesuchten anzusehen, ist mir aufgefallen, dass viele von denen beinahe eine neutrale Mimik haben.

Umgekehrt kann sich in der neutralen Mimik auch sozusagen viel Spannendes zeigen, zum Beispiel den positiven Abdruck des Lebens und die Erfahrungen beziehungsweise auch die grundsätzlichen Befindlichkeit eines Menschen widerspiegeln.

Ein Beispiel. Meine Großtante, ein Mensch, der auch in schwierigsten Situationen und Phasen seines Lebens seinen Humor behalten hat und immer viel gelacht hat, hatte in ihrem Gesicht die Freude und das Lachen tief als Grundmuster ihrer Mimik abgebildet. Auch wenn sie im Gespräch oder auch auf Fotos gerade nicht lachte, konnte man ihre Grundbefindlichkeit als Mensch sehen. Sie werden das sicher auch schon beobachtet haben. Menschen, die viel Freude empfinden und oft und gerne lustig sind, oft gemeinsam mit anderen lachen, und/oder die zu anderen Menschen überdies meistens freundlich sind, die spiegeln das auch in ihren Grundzügen des Gesichts, in ihrer „neutralen Mimik" wider.

Raten Sie einmal, was die sogenannte erste Grundmimik des Menschen ist? Genau, die Freude. Dargestellt durch das Lächeln. Ein Baby lernt genau diese Mimik durch die ersten Kommunikationsabläufe mit seiner Mama.

Mama lacht das Baby an, Babys präfrontaler Cortex wird von diesem Signal „wachgerüttelt", übernimmt und leitet an die Spiegelneuronen weiter. Diese aktivieren die entsprechende Reaktion, also die gleiche Mimik, und das Baby lacht zurück. Welche Grundmimik könnte Ihnen also auch im Berufsleben oder im Alltag oder bei einem Verkaufsgespräch helfen? Die Freude. Weil sie in uns von klein auf einprogrammiert ist und sofort auch im anderen Sympathie auslöst, die er über die Spiegelneuronen im Gehirn übernimmt. Lächeln Sie im Business so oft Sie Gelegenheit dazu haben. Das wirkt nicht nur freundlich, es sagt durch unsere Mimik auch aus, dass wir locker sind. Und lockere Menschen, vor allem im Business, sind meist deswegen locker, weil ihre Geschäfte gut laufen. Und wenn nicht, seien Sie eben gut vorbereitet und lächeln Sie, weil sie ein Körpersprache-Profi sind. Menschen, die im Leben Freude haben können und wollen, strahlen das auch aus, weil sie dadurch motivierter, offener und freundlicher sind. Und freundlich kommt von Freund! Mit diesem einfachen trickreichen Einsatz der ersten Grundmimik schalten Sie quasi das Urprinzip des Flee or Fight aus und geben Ihrem Gegenüber keinen Grund vor Ihnen zu flüchten.

Test

Schauen Sie, wie die einzelnen Grundmimiken des F.A.C.S. bei Ihnen aussehen, indem Sie einfach mehrere Selfies machen. Zum Üben können Sie sich vorher einfach vor einen Spiegel setzen. Wenn Sie geübt haben und Sie sich sozusagen sicher im F.A.C.S. fühlen, dann verwickeln Sie jemanden in ein Gespräch und machen Sie zu Ihrem Inhalt passend, kongruent, die entsprechende Mimik des F.A.C.S. Wenn Ihr Gegenüber Ihre Mimik klar übernimmt, also spiegelt, dann haben Sie alles richtig gemacht!

4. GEBOT
BEHERRSCHEN SIE
IHR ERSCHEINUNGSBILD

Bei der Körpersprache, also der zwischenmenschlichen non-verbalen Kommunikation, fällt uns wie gesagt zuerst einmal auf, wie jemand auf uns zukommt, wie er oder sie also erscheint. Man spricht ja auch vom menschlichen Erscheinungsbild. Diese Formulierung kommt sehr oft auch in den Schriften eines weltberühmten italienischen Literaten vor. Niccolò Machiavelli. Ich nenne ihn den „Politberater" des 16. Jahrhunderts. In seinem Hauptwerk „Der Fürst" schreibt er, wenn der Fürst besser über sein Volk herrschen wolle, müsse dieser lernen

„(…) sein Erscheinungsbild zu beherrschen (…). Die Menschen glauben was sie sehen und nicht was sie erfassen (…), sie glauben alleine dem Erscheinungsbild und das lässt sich kultivieren und auch manipulieren."

Niccolò Machiavelli und der später nach ihm benannte Machiavellismus wurden oft negativ konnotiert. Vielmehr war Machiavelli vor allem ein raffinierter und genauer Beobachter des menschlichen Verhaltens. Er hat oftmals das menschliche Verhalten und dessen Gebärden mit dem von Tieren verglichen. Und er hat dem Fürsten wie auch grundsätzlich Führungspersönlichkeiten im Allgemeinen geraten von Schauspielern zu lernen. Denn am ersten Erscheinungsbild eines Fürsten sowie auch eines jeden Menschen überhaupt lässt sich viel ablesen. Wenn man zu lesen gelernt hat. Lesen lernen ist genau so wichtig wie Sprachen sprechen. Mein Vorschlag wäre ohnehin, Körpersprache als Pflichtfach in der Schule einzuführen. Das habe ich bei einer Präsentation im Bildungsministerium, zu der ich eingeladen war, einst vorgeschlagen. Ich wurde geladen, Ideen und Impulse für Kommunikation in Schulen zu geben. Mein erster Input war und ist, die Sitzreihen gegen einen Sitzkreis zu tauschen. Warum ist ganz einfach, weil der Kreis für die Kinder besser wäre, viel kommunikativer, denn alle sind gleich von den Unterrichtenden entfernt, jedes Kind sieht das andere Kind und kann schneller und direkter beobachten, kommunizieren und so kann jedes von jedem auch profitieren. Was gibt es Besseres für das Miteinander. Ich habe natürlich explizit auf das Thema Körpersprache hingewiesen, weil Körpersprache eben unsere Ursprache und sie immens wichtig ist für die Entwicklung unserer sozialen Kompetenzen im späteren Verlauf des Lebens. Wir werden sozial kompetente Menschen oder eben nicht. Und Kommunikation kommt von Können. Das Wort *Kommunikation* heißt nämlich etwas miteinander tun. Voneinander und übereinander zu lernen ist wunderbar und somit ist die Körpersprache die Lehre von der Menschenkenntnis.

Ich bin davon überzeugt, dass ein solches Fach in der Schule den Kindern Sinn und Freude bringen würde, sie würden andere besser verstehen, und nicht zu vergessen, hätte es auch einen Integrationseffekt. Denn, Kinder aus verschiedenen Ländern sprechen verschiedene Sprachen, aber eben eine gemeinsame Körpersprache. Und ich bin überzeugt, es würde auch der Lehrerschaft helfen. Daher Körpersprache-Training, gleich mitverpflichtend für Lehrer und Lehrerinnen! Sie und ich als geschulte Österreicher wissen natürlich, dass das ein frommer Wunsch ist. Wenn man das in diesem Land durchsetzen wollte, würde man sich viele „Freunde" machen. Da wäre die Lehrergewerkschaft dann schnell. Ausnahmsweise einmal. Schnell verstimmt. Und bestimmt würde die Ablehnung profund argumentiert werden:

„Eine zusätzliche ganze Arbeitsstunde mehr pro Monat, das war schon stark.
Aber eine zusätzliche, ganze Mimik pro Lehrer…! Mia sin auch nur Menschen!"

Wie hat es ein Wiener Bürgermeister einmal so schön ausgedrückt:

„Wenn ich 22 Stunden in der Woche arbeite, bin ich Dienstagmittag fertig. Dann kann ich heimgehen."

Das sogenannte Bodyreading, also das Lesen aus der Körpersprache, kann uns sagen, welcher nonverbale Kommunikationstyp ein Mensch ist. Aus meinen Erfahrungen und aus meiner jahrelangen Arbeit mit Menschen, Männern wie Frauen und Jugendlichen, aus hunderten Seminaren, Vorträgen, Coachings und Shows habe ich ein PDC© Modell entwickelt. Dieses Modell beschäftigt sich mit der zwischenmenschlichen Kommunikation und bezieht darüber hinaus die Persönlichkeitsmerkmale von Menschen mit ein.

Übersetzt heißt es Personality Driven Communications. Ich habe versucht, mich da auch etwas an Machiavelli zu orientieren, der ebenfalls beobachtet hat, dass sich bei Menschen der Typus bei dessen Erscheinen durch sein Verhalten bemerkbar macht. Kurz zur Erklärung meiner These, die ich auch bei Vorträgen präsentiere. Sie ist Teil meines PDC© Modells und spezifiziert erstmals in der wissenschaftlichen Behandlung des Themas Körpersprache zwei verschiedene nonverbale Basistypen in der Kommunikation. Ebenso wie sich in anderen Kommunikationsmodellen eine sprachliche Zuordnung, also verbale Typologie ausmachen und darstellen lässt, so stellt PDC© erstmals einen Zusammenhang zwischen nonverbalen Bewegungsmustern und Typologie her. So fällt eine Zuordnung von zumindest zwei verschiedenen körpersprachlichen Gruppen leichter. PDC© geht von einer Definition der grundlegenden Unterschiede in den persönlichen Merkmalen der körpersprachlichen Kommunikation aus. Merkmale, die entweder bereits angeboren sind oder von klein auf durch Prägung angeeignet wurden. Einem dieser Grundtypen entsprechen wir eher. Diesen, unseren Grundtypus der nonverbalen Kommunikation, behalten wir grundsätzlich unser ganzes Leben. Das PDC© Modell legt folgende zwei Grundtypen fest: den Leader und den Learner. Diese spezielle Typologie manifestiert sich in den Bewegungsfeldern Proxemik, Gestik und Mimik und ist dominant oder weniger dominant vorhanden und ablesbar.

Der LEADER

Dominate Körpersprache
Starke Körperhaltung
Hohe Spannung
Mäßiger Blickkontakt mit der Gruppe
oder dem Gegenüber
Macht kreative, bewusste Gänge
Schafft bei der Begrüßung eigene Reihenfolge
und Rangordnung
Mäßiger Beobachter
Dominanzfeld: Proxemik/Gestik

Der LEARNER

Subdominate Körpersprache
Mittlere Körperhaltung
Eher entspannt
Viel Blickkontakt mit Gruppe
oder Gegenüber
Macht nötige, erlaubte Gänge
Anerkennt bei der Begrüßung gegebene Reihenfolge
und Rangordnung
Genauer Beobachter
Dominanzfeld: Mimik/Gestik

Test

Beobachten Sie zum Beispiel in den Fernsehnachrichten genau einzelne Politiker, wie sich diese verhalten, wenn sie aufeinander zugehen. Oder beobachten Sie beim nächsten Firmenmeeting, welche Typologie auf welchen Kollegen und auf welche Kollegin passen könnte. Hinterfragen Sie mit Freunden oder mit Ihrer Familie, welchem Typus Sie selbst eher entsprechen.

Jeder von uns kennt einen klassischen Leader und einen klassischen Learner.

Um Ihnen dennoch zu helfen, stelle ich folgende Namen als plakative und einfache Beispiele in den Raum. Barack Obama und Donald Trump.

Beide Herren sind beziehungsweise waren von Amts wegen als Präsident der Vereinigten Staaten von Amerika in einer Leading Position. Dennoch ist der eine nach dem PDC© Modell ein Leader und der andere ein Learner. Und zwar reinsten Wassers. Sie können sich viele Bilder der beiden im Internet ansehen. Und Sie werden wahrscheinlich zum gleichen Schluss kommen wie ich. Obama kann auf der Klaviatur der Körpersprache perfekt spielen. Er ist Situationen immer perfekt angepasst. Beim Correspondents Dinner des Weißen Hauses war er so gut in der Rolle des Comedians, dass man erstaunt und begeistert war über seinen Humor und die Fähigkeit sich selbst auf die Schaufel zu nehmen.

Als er jedoch den Papst getroffen hat, war er in seiner Rolle als mächtigster Mann der Welt dennoch in der Lage, glaubwürdig mit dem Pontifex über Frieden, Barmherzigkeit und Pläne für die Unterstützung armer Menschen, auch in den USA, zu reden und dabei eine adäquate Haltung vor einer Milliarde Gläubiger, die via TV dabei waren, zu zeigen. Das heißt, er ist vielschichtig, beobachtet, kann sich anpassen und lernt von anderen. Donald Trump beim Papst, das war ein sprichwörtlicher Schuss ins Knie, aus der Perspektive der Bodylanguage.

Trump, Leader im Sinne des PDC© Modells, ignoriert die Tradition des päpstlichen Ringkusses. Und schulmeistert den Pontifex auf dümmliche Art.

Dieser hatte nämlich gesagt:

„Wer über Mauern statt über Brücken nachdenkt, denkt nicht christlich."

Trump meinte daraufhin zum Papst Franziskus, es sei „schändlich", seinen Glauben zu bezweifeln.

Trump scheint alle gut eingeführten Regeln und Rangvorgaben zu ignorieren und reagiert undiplomatisch und eindimensional, wird mitunter schnell flapsig oder sogar aggressiv. Was

Mr. Trump über seine Sicht der Dinge

Mr. Obama erklärt seine Sicht der Dinge

man auch in fast jeder seiner Reden an der Mimik und Gestik erkennen kann. Entweder an seinem Oberlehrer-Finger, seiner ablehnenden Handfläche oder einer geballten Faust.

Ganz anders dagegen die zwischenmenschliche Kommunikationsweise eines Learners wie Ex-Präsident Obama: klar, aber körpersprachlich zurückhaltender, Kopf oft leicht zur Seite geneigt, um nicht überheblich oder schulmeisterhaft zu wirken, die Finger meist zusammen oder eine offene Hand.

5. GEBOT
WIR KÖNNEN NICHT
NICHT KOMMUNIZIEREN

Paul Watzlawick war einer der bedeutendsten österreichischen Kommunikationsforscher. Nachdem er im Februar 1945 von der Gestapo verhaftet wurde, da er unvollständig und zum Vorteil der Gefangenen übersetzte, ging er nach dem Zweiten Weltkrieg ins Ausland. Ab 1960 wirkte und lebte er lange Zeit in Palo Alto, Kalifornien. In Amerika fand Watzlawick auch die Anerkennung, die seine Forschung verdiente. Seine berühmten Axiome über die zwischenmenschliche Kommunikation hat er in den USA formuliert und seine Thesen durch Experimente bestätigt. In einem seiner Axiome zur Beschreibung unserer Kommunikation definiert er den wahrscheinlich interessantesten Grundsatz, den er in seiner Behauptungserkenntnis so zusammengefasst hat:

„Wir können nicht nicht kommunizieren."

Alles, was wir tun oder auch nicht tun, sendet ein Signal mit einer Information in die Welt. Wir haben manchmal eine besondere Mimik oder eine undefinierte Mimik. Wir stehen manchmal aufrecht da und manchmal etwas gebückt. Wir deuten mit den Händen etwas an oder schütteln jemandem intensiv die Hand und manchmal vermeiden wir Hautkontakt. Es geht aber noch weiter. Ein Signal der Körpersprache, das oft nicht als Signal erkannt wird, ist das sogenannte „no show". Das heißt, wenn eine Person, mit der Sie zum Beispiel einen Termin haben, gar nicht zu diesem Termin erscheint, also sich „nicht zeigt". Oder ein anderes Beispiel, das von Watzlawick angeführt wird:

Jemand sitzt in einem Wartezimmer beim Arzt und starrt zu Boden. Man könnte annehmen, dass diese Person nicht kommuniziert. Allerdings teilt sie durch diese spezielle Art der Kommunikation mit, dass sie keinen Kontakt zu anderen wartenden Personen wünscht.

Oder, noch extremer. Jemand vereinbart einen Termin und verabredet sich mit einer Person in einem Kaffeehaus. Die Person erscheint nicht zu der Verabredung. Man kann daraus schließen, dass die Person, obwohl der Termin bereits für beide klar definiert war, nicht an einem Gespräch oder einem persönlichen Kontakt interessiert ist. Now show eben.

Körpersprache und die einzelnen Signale, Zeichen und Funktionen können, wenn man sie trainiert hat und gut spricht, wie in einer Choreographie angewendet werden. Wenn Sie die Basics der Körpersprache intus haben und sicher anwenden können, vermitteln Sie Ihrem Gegenüber nämlich etwas Wesentliches: Stärke und Selbstvertrauen. Dieses Selbstvertrauen signalisiert Ihren Mitmenschen, dass sie Ihnen auch vertrauen und sich auf Sie verlassen können. Das heißt auch, die entsprechende Körpersprache kann bei Ihren Mitmenschen das Gefühl von Sicherheit auslösen. Sicherheit schafft wiederum Vertrauen. Und Menschen, denen man vertrauen kann, denen kann man auch was zutrauen!

Das kann eines der Geheimnisse des Erfolges von Menschen sein. Ob Balletttänzerinnen, Sänger, Sportler oder einfach nur Menschen mit klarer Körpersprache. Es gibt Sie nämlich, die besonderen Typen, die sich von der Masse abheben. Ja klar, die haben das „gewisse Etwas", ein, wie es gerne im Volksmund genannt wird, Charisma. Ob Sportler, Musiker, Politiker oder Entrepreneure. Aber vor allem haben diese Menschen eine unglaublich starke Präsenz, eine körperliche Ausstrahlung. Sie kommen nicht einfach herein, sie erscheinen! Sie bewegen sich anders als wir Durchschnittsmenschen. Sie benehmen sich auch oft anders als wir Durchschnittsmenschen. Sie sprechen Bodylanguage als wär es ihre Muttersprache! Und vielleicht macht genau das diese Menschen zu erfolgreichen Stars oder zu erfolgreichen Politikern oder zu den bestbezahlten Sportlers.

Denken Sie an die Körperspannung eines Christiano Ronaldo, wenn er sich den Ball zurechtlegt, bevor er einen Elfmeter schießt, und sich in diese Superman-Pose begibt. Denken Sie an Barack Obama, an seine Mimik und Gestik, an sein erhobenes Haupt, wenn er dem amerikanischen Volk zugerufen hat „Yes, we can!" Denken Sie an den amtierenden Papst Franziskus, der sich fast durchgehend in freundlicher Mimik oder in serviler Körperhaltung befindet, um damit betont christliche Werte wie Nächstenliebe oder eben Demut zu vermitteln. Erinnern Sie sich auch an Jörg Haider, wie geschickt er es verstanden hat, Stimme und Körpersprache und sogar sein „Kostüm", also sein Outfit, bei jeder Gelegenheit seiner Zuhörerschaft anzupassen. Das perfekte Kongruenzverhalten also.

All diese Menschen verwenden Körpersprache ganz bewusst als Mittel der Kommunikation, nichts wird dem Zufall überlassen. Das passiert nicht einfach so. Das ist ganz bewusst eingesetzt, aktiv verwendet und ganz gezielt gesteuert. Aber egal, ob gezielt, absichtlich, unbewusst oder zufällig. Die Botschaften werden dadurch emotional greifbar und real spürbar für die Empfänger. Positiv wie auch negativ. Diese körpersprachlichen Signale sind so stark, dass sie in uns etwas auslösen. Sie signalisieren dem Betrachter Echtheit und unterstreichen die Botschaften. Die Aussagen und Inhalte erhalten erst durch die passende Körpersprache eine entsprechende Kraft oder Klarheit oder auch Macht. Wir verstehen die Botschaften deutlicher und nehmen sie auch so wahr, weil es den Anschein hat, dass diese Menschen das ganz selbstverständlich zu machen scheinen.

Wenn man das auf die Erfolgsquote im Berufsleben umlegen will, kann eines der Schlüsselelemente auch Motivation durch richtige Kommunikation heißen.

Denn alles, was wir tun oder eben nicht tun, wird von unseren Mitmenschen registriert und interpretiert. Jede Geste, jedes Verhalten, jeder Blick.

Ich gebe Ihnen ein einfaches Beispiel aus dem Bereich des Sports. Die Emotionen, die über das entsprechende Verhalten von Athleten zum Ausdruck kommen, beeinflussen durch ihre Körpersprache auch die Kollegen. Wenn ein Trainer seine Athleten kennt, weiß er recht schnell, was es geschlagen hat.

Es gibt eben Verhalten und Verhaltensmuster, die schlecht sind, weil sie sich auf den Teamgeist negativ und nicht förderlich auswirken. Egal, ob man in einer Mannschaft oder in einer Einzelsportart daheim ist.

In einer Mannschaftssportart kann ein Leader als Kommunikationstyp eine ganze Mannschaft hinunterziehen. Ein Learner hingegen kann sich selbst aufgrund der Beobachtung und Anpassungsfähigkeit besser reflektieren und lernt von seinen Kollegen. Wenn bei einem Teamwettkampf von Einzelsportlern der vermeintliche Leader schon vor dem Wettkampf eine negative, ablehnende Stimmung an den Tag legt, ist das eben auch eine körpersprachliche Aussage, die unbewusst von der Mannschaft gelesen wird und somit ebenfalls eine negative Auswirkung auf diese haben kann. Ein passendes Beispiel für eine körpersprachlich negative Attitüde oder Haltung findet man unter anderem im Team der Nationalelf des Herrenfußballs. Marko Arnautovic vermittelt für mich, professionell gesprochen, oft in vielen Situationen, er fühle sich zu gut für die anderen „lächerlichen" Kollegen oder Gegner oder auch die Schiedsrichter, oder sogar für die Fußballfans. Seine Körpersprache wirkt jedenfalls so. Er kommuniziert mit seinen Signalen, angewidert, dauernd verärgert zu sein, dass in seiner Wahrnehmung die anderen weit unter seinem Niveau lägen.

Marko Arnautovic meint mit dieser Geste nicht „Danke, alles perfekt", sondern die „südländische" Variante davon. Dass

Marko's Geste, eindeutig oder zweideutig

diese weder höflich gemeint, noch dass er zufrieden ist, können sicher auch Sie erkennen. Doch er wird nicht nur von seinen Kollegen und den Spielern der gegnerischen Mannschaft, sondern auch von Millionen Zusehern weltweit gesehen. Und sie alle können seine Signale beziehungsweise seine negativen Schwingungen lesen. Damit zeigen viele Sportler, dass sie ihr Ego über das Ego des Teams stellen und so das Leistungsvermögen auf ein niedrigeres Niveau drücken, ohne es zu wissen. Das sind eben die Unterschiede, wenn Sportler ihrer Mannschaft als Vorbild dienen und diese mit positiven Gesten zu stimulieren und zu motivieren vermögen, oder eben nicht.

Mit einer mannschaftstauglichen Haltung und einer partnerschaftlichen, positiven Körpersprache wäre oftmals nicht nur der Mannschaft geholfen, sondern auch seiner eigenen Einstellung und seiner Persönlichkeit. Abgesehen davon ist es ja nicht so, dass nicht Millionen Kinder und Jugendliche zu einem Idol aufschauen wollen und nicht runterschauen.

Bei internationalen Fußballmannschaften ist es manchmal mit der Kommunikation etwas schwierig. Vor allem dann, wenn die Mannschaften zusammengewürfelt sind und Sportler oder Sportlerinnen aus verschiedenen Kulturkreisen kommen. Denn anders als bei den sieben Grundmimiken des Menschen sind Zeichen und Gesten schon schwerer zu deuten, weil nicht international verständlich. Diese sogenannte „Ringgeste" kann eben für Menschen aus einem anderen Land auch eine andere Aussage haben. In Serbien, Süditalien, oder Griechenland bezeichnet sie eine Körperöffnung. Das wissen Sie bestimmt oder Sie haben es zumindest vermutet. Mitunter mag es schwierig sein, wenn man sehr früh in seiner Jugend auf einen Thron gehoben wird. Und hier ist der Thron des Erfolges gemeint. Vor allem junge Talente im Sport müssen oft noch lernen, ihre Emotionen und auch ihre Körpersprache zu beherrschen und in die richtigen Bahnen zu lenken. Denn große Talente sind sie bereits, aber große Athleten müssen sie erst werden.

6. GEBOT
SEIEN SIE BITTE NICHT
AUTHENTISCH

Immer wieder fällt mir auf, wenn ich irgendwo einen Vortrag über die Bedeutung der menschlichen Körpersprache halte, dass es einige Menschen in der Zuhörerschaft gibt, die beim Kapitel Authentizität stutzig werden. Die Zweifel und das Stutzigsein kann ich regelrecht von der Bühne oder dem Podium aus sehen. Der Zweifel macht sich in den Gesichtern der Zuhörerinnen breit. Er ist stark, deutlich umrissen und ist ja als eine unserer sieben Grundmimiken auch Teil des F.A.C.S., also unseres Facial Action Coding Systems. Ich unterbreche dann immer und frage bei einem der Zweifler nach, was denn genau die Menschen zweifeln lässt.

Zuerst sollten wir überhaupt einmal vorab definieren, was ist AUTHENTISCH? Wenn ich also sozusagen ich bin, und ich mich so benehme, wie ich mich immer benehme und mich nicht „verstelle". Würden Sie sagen, das ist „authentisch"?

Das würde aber auch heißen, dass ich nichts an mir verändere, also nicht mein Aussehen, auch nicht mein Gewand und ich frisiere mich nicht. Und weil ich extrem „Ich" bin, also authentisch, steig ich in der Früh aus dem Bett, mit fettigen

Haaren und dem abgeschmierten Gewand von gestern, weil es eben authentischer ist und benehme mich so, wie ich eben bin, nur ich, ganz Natur! Nach dem Motto:

„Akzeptierts mi bitte, so wie ich bin !"

Ganz ehrlich, glauben Sie, dass irgendwer Sie so erleben will? Nicht einmal Ihre Frau würde das wollen: Meine übrigens auch nicht.

Ob im Beruf oder in der Beziehung, es gilt für uns:
• Wir wollen Menschen, die sich auf uns einstellen können.
• Wir schätzen, wenn jemand mehr zu bieten hat als nur seine Authentizität.
• Wir schätzen jene, die sich Situationen optimal anpassen können.
• Wir vertrauen eher denen, die Sicherheit signalisieren.
• Wir wollen und suchen Profis in fast jeder Lebenslage.
• Wir schätzen also das „Nicht-Authentische".

Das und nichts anderes meine ich, wenn ich sage, seien Sie nicht authentisch! Ich darf ein diffiziles, jedoch einleuchtendes Beispiel bringen, wie bedeutend unser Auftreten, unser Erscheinungsbild und unsere Bodylanguage sind.

Wenn Sie dieses Beispiel für Authentizität betrachten, werden Sie exakt verstehen, was ich meine. Ich nenne dieses Beispiel den „Gabalier-Effekt".

„I bin da Andi"

Ja, so schaute einst Andreas Gabalier aus, bevor er der hellste Stern am Firmament der volksdümmlichen Musik wurde. Nicht so hell, rundes G'sichterl, mit der chicen Stirn-Frizzn und seinen Naturaugenbrauen. Der „grüne Bursch aus der schönen Mark", hätte man ihn nennen können. Umgekehrt wär's auch schwer nachvollziehbar gewesen. Trotzdem gelang ihm im Jahr 2009 der Durchbruch.

Allerdings nicht so. Man musste zuvor einiges ändern. Also hat das Management sich zusammengesetzt und darüber nachgedacht, was dem Andreas entsprechen würde, was für mehr Zustimmung, mehr Effekt sorgen könnte, und seine Figur klarer definiert. Und nach und nach hat man eine Kunstfigur kreiert. Nicht weil man ihn nicht schön genug oder herzig gefunden hat. Nein, bestimmt nicht. Sondern weil man bessere Verkaufszahlen und mehr Erfolg haben wollte. Also wurde professionell geplant und vorbereitet. Und Andreas Gabalier neu erfunden. Und zwar vom Scheitel bis zur Sohle. Angefangen bei seinen Haaren, und ich rede hier nicht nur von seinem Haupthaar, auch von den Augenbrauen und …, mehr brauchen wir jetzt nicht zu wissen, bis hin zu den Schuhen, die er von nun an tragen sollte.

Damals (siehe Bild auf der vorherigen Seite) war er auch schon der Andreas Gabalier. Ja, aber gemacht hat man aus ihm den Volks-Rock'n'Roller. Heute ist er „Der Gabalier" und er wird völlig anders wahrgenommen. Eine Marke, eine Benchmark sogar, die locker mehrmals das Olympiastadion in München mit Fans füllen kann. Und das liegt nicht vorwiegend an den fesselnden, viel intelligenteren Texten der Lieder, die er singt, oder dass er mehr Akkorde spielen kann auf

... daraus wurde ein stolzer Schwan

seiner Ziehharmonika oder auf der Klampfn als der Santana oder der Clapton. Nein. Dieser Erfolg liegt eindeutig daran, dass er ins rechte Licht gesetzt wurde und marketingmäßig perfekt geplant und vorbereitet wurde. Erfolg im Showbusiness liegt eben im Auge des Betrachters!

Es kommt also vorwiegend auf Äußerlichkeiten, auf das Erscheinungsbild, welches wir wahrnehmen, an. Das, was wir zu sehen bekommen, hat sich geändert. Andreas Gabalier wurde, so wie wir ihn heute kennen, geformt und dadurch neu definiert. Und eben auch hier ist es nicht das „Authentischsein" wie ich es beschreibe. Sondern erst sein nicht authentischer, aber durchaus auf ihn passend maßgeschneiderter Look schafft diesen großen Erfolg. Seine neue eigene Körpersprache, samt einstudiertem, eigenem Gestenrepertoire, wenn er im Rampenlicht steht. Schauen Sie sich einmal das Cover seiner CD an.

Glauben Sie, diese authentische Geste und Körperhaltung sind einfach so? Und rufen sie nur ganz zufällig Assoziationen wach? Und glauben Sie, dass man so Harmonika spielt in der Steiermark? Ok, vielleicht nach einer Flasche Schilcher!

Authentizität heißt, vor allem im Entertainment, Erfolg durch Training bestimmter Parameter, die gut zum Typus des Künstlers oder der Kunstfigur passen und die sich vor allem mit den Erwartungen und Sehnsüchten der Fans matchen. Genau das geschah hier. Aus dem schüchternen Steirerbub ist der Volks-Rock'n'Roller gemacht worden. Die Haare von Hairdressern zehn, zwanzig, dreißig Minuten lang geföhnt und auftoupiert, das karierte Stecktücherl als Markenzeichen, natürlich im Onlineshop gegen Bares erhältlich. Die Lederjacke passend zu den Lederhosen natürlich im Vintagelook. Und vor jedem öffentlichem Auftritt, vor jedem Interview und natürlich vor jedem Fotoshooting werden diese Dinge dem Erscheinungsbild angeglichen, immer passend zum Image. Damit der Look stimmt. Andreas Gabalier, ein talentierter rescher Musikus, der zu einer Kunstfigur stilisiert wurde, um präzise zu machen, nicht authentisch, sondern künstlich erzeugt. Aber so funktioniert es (er) eben besser. Und wir glauben ihm das. Nicht Sie und auch nicht ich, aber die andern „wir". Eine Kunstfigur ist psychologisch gesprochen oft ein Alter Ego des Künstlers. Also schon irgendwie da, passend zum Typ. Aber eben überhöht, hoch professionell inszeniert und dem Publikum „authentisch" präsentiert.

Das ist wirtschaftlich und künstlerisch durchaus sinnvoll, denn der Gabalier, so wie er jetzt ist, wird ja vermarktet und wirtschaftlich erfolgreich als Marke eingesetzt. Und jede Marke braucht ein leicht nach außen hin erkennbares Markenzeichen. Denn die Kunden, die man so ansprechen will, sehen das Produkt und wollen das Produkt, weil es perfekt ihren Erwartung entspricht und in professioneller Erscheinung daherkommt. So bekommen Produkte Strahlkraft. Und nur so, gut vorbereitet und gut aufbereitet, wollen wir sie sehen. Und was machen wir dann? Wir kaufen das Produkt, wir werden zu Kunden. Und manche werden vom Kunden zum Fan.

Ein Fan ist der, der zwar nicht unbedingt erkennt, ob etwas authentisch ist, aber der es kauft, wenn es authentisch wirkt.

Fans sind Gläubige! Fans sind es, die für die Marke zahlen, auch wenn sie stilisiert und unauthentisch sein mag. Fans sind Vertraute im Geiste, sie glauben, sie vertrauen, sie lieben und sie kaufen! Bedingungslos. Millionenfach geliked!

Das heißt, authentisch sein bedeutet, wenn man besser sein will als man ist, eine „Rolle" zu finden, die zu einem passt. Die einen größer, sympathischer, professioneller macht. Rolle ist vielleicht zu viel gesagt, eher ein Rollenbild, ein Bild, oder ein Vorbild, an dem man sich orientiert.

Und jetzt stellen Sie sich bitte vor, diese Kunstfigur, von der wir ein tolles Bild haben, in die wir Erwartungen und auch persönliche Hoffnungen setzen, von der Millionen Menschen glauben, dass sie authentisch ist, dieser Mensch kommt einmal auf die Bühne und ist so wie er wirklich ist. Um bei unserem Beispiel zu bleiben. Der Held, die Marke, das Vorbild, kurz unser Volks-Rock'n'Roller Gabalier kommt auf die Bühne und ist nicht gut drauf, seine innere Befindlichkeit ist schlecht heute. Und man kann es sehen, kein Friseurtermin, keine Tolle, fettige Haare, die ins Gesicht reinhängen, unrasiert sowieso und keine Lederjacke mit Stecktücherl. Das hat er gestern Abend irgendwo verloren. Den Polsterabdruck vom Nachmittagsschlaferl noch im Gesicht, denn er war gestern sehr, sehr lange authentisch feiern und Schilcher trinken. Er schaut griesgrämig und angeekelt in die Runde, weil er heute echt keinen Bock auf Singen hat und Kopfweh hat er auch und außerdem ist er nicht vorbereitet, weil er vor dem Konzert nicht geprobt hat. Was glauben Sie, wie lange würden seine Fans diese Authentizität schätzen? Was glauben Sie, wie lange würden sie ihm die Treue halten? Wie lange wäre er die Lichtgestalt der Schlagerszene und wie viele Alben würde man mit ihm noch produzieren wollen? Diese Authentizität wäre von keinem großen Erfolg geprägt.

Authentizität kann aber auch nach hinten losgehen. Für meine ORF Late-Night-Comedy *DE LUCA* bin ich mit meinem Regisseur Leo Bauer in Klausur gegangen und wir haben uns Gedanken gemacht. Welche Kunstfigur könnten wir für eine Comedyshow erschaffen, die man aber durchaus auch im wahren Leben treffen könnte. Anfangs dachten wir an einen Pantomimen, der Leuten nachstellt und sie sekkiert. Vor allem hat Leo Bauer angeregt, die Figur nicht nur zu spielen, sondern sie total zu verinnerlichen, um so die Leute, denen sie begegnet, davon zu überzeugen, dass es sich dabei um einen authentischen Menschen handelt.

Irgendwie sind wir dann auf einen Inder gekommen, der seit Jahren in Österreich lebt, sich auf die Spur der österreichischen Kultur und Mentalität begibt und Leute sekkiert. Perfekt erdacht und bestens gemacht. Das Aussehen, die Sprache, die Körpersprache waren top vorbereitet und aufeinander abgestimmt. Die kleine Brille, wie Mahatma Gandhi sie trug, dazu einen Steirer-Janker aus grünem Leinen umwickelt mit einem rosafarbenen Sari mit Goldrand. Wir haben damals mit dem Bramburi Szenen in allen erdenklichen Situationen und den verschiedensten Locations gedreht. Sehr komisch zwar und doch sehr erfolgreich. Die skurrile Figur des Bramburi wurde angenommen und ein echter Renner.

Bramburi authentisch, aber nicht echt

Mein Papà war extra aus Italien angereist, um sich eine der Folgen mit uns gemeinsam im Fernsehen in Wien anzusehen. Er war begeistert und stolz und darüber hinaus auch verwundert, warum neben mir als Host und Hauptakteur der Show auch ein Inder mitspielte, der offenbar noch beliebter war als der eigene Sohn. Er dachte, *DE LUCA* im ORF sei eine One-Man-Show. So authentisch wirkte der kleine Inder auf ihn. Bramburi wurde von der Kunstfigur zur Kultfigur. Die Gestik aus dem Indischen, die gefalteten Hände, mit einer kleinen Kopfverbeugung und dazu dem Spruch:

„Dai dai langes Leben."

Der ORF und der damalige Produzent meinten damals, es wäre eine tolle Idee, den Bramburi auch einmal unter echte Inder zu schicken, um etwas Verwirrung zu stiften und daraus noch mehr Komik zu generieren. Eines Tages kommt auch eine Einladung zu einem indischen Festival im Kulturinstitut. Natürlich bin ich als Bramburi mit Kamerateam hin. Der Attaché war auch da und hat sich nach den Inhalten dieser „Dokumentation" über das Verhalten von Österreichern und über die österreichisch-indischen Beziehungen erkundigt.

Und ich habe den Bramburi so authentisch dargestellt, dass der Attaché logischerweise angefangen hat mit mir Hindi zu sprechen.

Ich, kein Spielverderber, das wäre ja gegen meinen Berufsethos, habe weiter gespielt und versucht „Indisch" so zu imitieren, dass die Inder selbst glauben müssten, ich sei Inder.

Aber der Attaché sagte irgendwann auf Deutsch zu mir: „Verzeihung, ich kann nicht verstehen. Welche Sprache ist das?"

Darauf ich: „Oh, ist alter indische Dialekt. Ich komme aus dem Süden."

Der Attaché mustert mich darauf hin lange und sagt: „Ich glaube, Sie sind gar nicht aus Indien."

Ich: „Warum, Herr Attaché?"

Attaché: „Weil … Sie tragen einen Damen-Sari."

Mein Kamerateam ist in lautes Lachen ausgebrochen, die Gäste rundherum ebenso. Der Attaché begann breit zu grinsen, klopfte mir auf die Schulter und sagte dann noch:

„Aber bitte machen wir Foto für lustige Erinnerung!"

Da nützt Ihnen die beste Maskerade nicht und auch die perfekte Bodylanguage oder die indischste Gestik und Mimik nicht, wenn Sie einen Damen-Sari anhaben und es nicht einmal wissen.

Es gibt zahlreiche Studien dazu und deren Ergebnis immer das Gleiche ist. Wir glauben, was wir sehen, wenn es für uns authentisch ist. Oder wie ich es gerne nenne „authentifiziert". So ist es grundsätzlich bei allem. Indern, die sich indisch kleiden, und Polizisten, die polizistisch aussehen. Mehr als die

Hälfte der Menschen vertraut einem Arzt dann, wenn er einen weißen Arztkittel trägt, mit Stethoskop um seinen Hals. Wir wollen also scheinbar, dass Rollenbilder erfüllt werden. Denn nur, wenn der Doktor wie einer aussieht und sich wie ein Doktor benimmt und so auftritt, dann vertrauen wir ihm eben mehr.

7. GEBOT
BESSER VORBEREITET ALS
OPTIMISTISCH

Optimisten sind entweder nicht gut vorbereitet oder einfach geprägt von Naivität. Oder anders gesagt: Optimismus ist ein Mangel an Information.

Die *Harald Schmidt Show* wurde nach Jahren großen Erfolgs, doch irgendwann wegen Abnützungserscheinungen der Show, aber sicher auch wegen Abnützungserscheinungen an Harald Schmidt, von Sat1 eingestellt. Zuerst Wut und dann tiefe Trauer. Meine Frau hat mit mir getrauert. Ihre Spiegelneuronen hätten auch nichts Anderes zugelassen. Die *Harald Schmidt Show*, einfach eingestellt. Einfach so. Schande und schade! Von jetzt ab ist man als niveauvoller Bildungsbürger und Unterhaltungssüchtiger und Branchenopfer auf Sendungen angewiesen, in denen Mimen ohne Mimik und Clowns ohne Gestik oder Comedians ohne Gags dilettieren dürfen, oder eben andere Staatskünstler. Wenn kein „knallharter Schmidt" mehr, von wem bitte sollen ab jetzt die unzähligen Staatskünstler ihre Gags und Ideen fladern?! Und was soll man sich nun spätabends zum Tagesausklang anschauen, die ZIB2? Ok, manchmal auch ganz unterhaltsam, aber meist unfreiwillig komisch. Schon die ZIB1 ist sprachlich und körpersprachlich nie ganz an die *Harald Schmidt Show* herangekommen, obwohl das Konzept beider Shows eigentlich ähnlich ist oder war. Ein Host und ein Sidekick. Der eine erzählt die Headline und die andere macht die Punchline. Die Band fehlt. Aber körpersprachlich betrachtet merkt man sofort an den ZIB-Protagonisten, anders als bei der Schmidt-Show, wenn sie an manchen Abenden so gar nicht aufeinander abgestimmt sind. Dass sie nicht auf einer Wellenlänge sind, nicht groovy miteinander, wie man sagt. Woher kommt das? Vielleicht weil sie sich schlicht nicht mögen. Eventuell mögen sie sich, aber wollen oder können nicht miteinander. Wie und warum auch immer, ich sehe es, ich merke es, ich spüre es. Und Sie spüren es doch auch! Als Zuseher merkt man, wenn was nicht stimmig ist, was nicht passend erscheint oder unharmonisch wirkt. Harmonie ist eine der Formen der Vollendung in einem Team, wenn sich beide sozusagen blind verstehen. Nicht dass sich die ZIB-Moderatoren untereinander oder gar ihren Gästen unfreundliche oder beleidigende Dinge sagen würden. Nicht immer. Es sind nicht die Inhalte und Worte, die uns manchmal auf eine Fährte führen, wo sich unser Bauchgefühl zu melden beginnt. Der Auslöser ist das, was wir sehen, zwischen den Zeilen, die Körpersprache. Wenn Sprache also förmlich und politisch korrekt ist, aber Körpersprache eben eine „andere Sprache spricht", dann ist genau das inkongruent. Also nicht deckungsgleich. Eine Abweichung des inhaltlich Hörbaren vom klar Sichtbaren. Das gibt's zwischen Menschen, und wir als Betrachter nehmen es als Kluft war.

Aber zurück zum Kollegen Schmidt. Mit welcher Nonchalance und Coolness er mit den Gästen umgegangen ist, wie brilliant und einfach gewitzt seine Fragen waren. Fast möchte ich sagen, im Nachhinein betrachtet, die Interviews am Ende der Schmidt-Show waren sogar oftmals thematisch brisanter und journalistisch spannender als die meisten ZIB-Interviews. Jetzt könnte man sagen, dass das auch keine Kunst ist, bei den eher farblosen Gästen aus der heimischen Politik und den fast immer gleichen Fragen. Vor allem die Ja-/Nein-Fragen sind journalistisch top.

Kollege Schmidt, und ich darf ihn Kollege nennen, das hat er mir erlaubt, als wir einander in der Wollzeile vor dem Kabarett Simpl begegnet sind. Kollege Schmidt und ich führten ein sehr launiges, wenn auch kurzes Gespräch über Sprachmuster und über die Vorbereitung auf TV-Auftritte, Bühnenshows und dergleichen. Und ich habe Kollegen Schmidt natürlich erzählt, dass ich ihn bereits vor Jahren einmal in Köln live im Studio 44 als Zuseher besucht habe. Bei all den Nettigkeiten, die wir in der kurzen Zeit austauschen konnten, sagte er, er könne sich an unser Gespräch erinnern. Er hätte mir im Zuge einer Geschichte über Politiker, Olympische Spiele in China und Funktionäre Folgendes gesagt:

„Optimismus ist ein Mangel an Informationen."

Und er kenne bis heute ganz viele Leute, die gar nicht gut auf eine neue Herausforderung oder eine Situation vorbereitet seien, also zu wenige Vorab-Informationen sammeln würden und vorab eben nicht genug Training absolvieren würden. Und er meinte dazu weiter:

„… denen bleibt ja gar nichts Anderes übrig als optimistisch zu sein."

Da bekommt der aufs Erste lustige Spruch „Optimismus ist ein Mangel an Informationen" erst eine nachvollziehbare Bedeutung. Körpersprachlich endete unser kurzes Zusammentreffen in Wien mit einer Genickstarre meinerseits, da Kollege Schmidt einsfünfundneunzig groß ist und ich einssiebzig. Ihn um ein Autogramm zu bitten, habe ich leider vergessen. Und wenn Sie das, was der Late-Night-Guru gesagt hat, jetzt umlegen auf dieses Gebot „Besser vorbereitet als optimistisch", so macht es total Sinn, sich auf jede Situation vorzubereiten oder eben sogar zu trainieren, für jede Situation und jede Herausforderung zu üben.

Ein einfaches Beispiel, eine Situation, die die meisten von Ihnen kennen werden. Stellen Sie sich vor, Sie haben ein Vorstellungsgespräch für einen Job eines Unternehmens, der zur Neubesetzung ausgeschrieben ist. Neue Firma, neuer Chef, neue Kolleginnen, neue Aufgaben. Sehr wahrscheinlich ist doch, dass der Job an jemanden vergeben wird, der sich der Aufgabe gewachsen fühlt und diesen Eindruck auch vermittelt?! Logisch. Ist es nicht noch wahrscheinlicher, dass der Job auch an jemanden vergeben wird, der sich mit der Aufgabenstellung vielleicht bereits vertraut gemacht hat, durch Erfahrung, oder eben durch Informationen vorab?! Eben. Also, wird der Job eher an jemanden vergeben werden, der sich in irgendeiner möglichen Form schon damit beschäftigt hat, denn, dieser Person wird eher ein gewisses Maß an Grundvertrauen zugebilligt werden. Vertrauen! Das ist es auch, worum es bei der richtigen Kommunikation und der richtigen Körpersprache geht. Wir können und sollen Vertrauen vermitteln.

Und Menschen, die gut vorbereitet sind, beeindrucken uns. Sie beeindrucken uns weniger durch die Standfestigkeit der Inhalte als durch ihr gefestigtes Auftreten, durch ihre Art kommunizieren zu können, durch ihre vertrauensvolle Erscheinung. Denn wenn jemand, der vorbereitet ist, auf jemanden trifft, der optimistisch ist, wird dieser sehr wahrscheinlich sagen:

„Aber was, ich brauch das nicht. Vorbereitung, Training, so ein Blödsinn! Ich geh einfach optimistisch drauf los!"

Also, die „Ich geh einfach optimistisch drauf los!"-Typen sind die, die irgendwann schneller übrig bleiben als sie denken. Denn irgendwann treffen diese Menschen auf jemanden wie Sie! Jemanden, der sich vorbereitet hat und das, was er vorbereitet hat, auch intensiv trainiert hat! Und dann ist Schluss mit lustig. Weil, der andere hat im Ansatz schon gewonnen.

VIDEO: HARALD SCHMIDT SHOW
https://www.youtube.com/watch?v=lUbNgOifKqA

Kollege Schmidt hat sich, um täglich seine Top-Performance abliefern zu können, bereits in der Früh in allen gängigen Zeitungen und Medien informiert, mittags eine Autorensitzung gemacht und nachmittags kurz vor der Show alle Gags x-mal durchgelesen, aussortiert, Parodien trainiert, um dann on air so locker zu erscheinen, als würde ihm das alles eben einfallen.

Wenn ich auf der Bühne, also in meiner parallel zu den Seminaren und diesem Buch laufenden Comedyshow *BODY LANGUAGE* sage, Optimismus sei ein Mangel an Information, dann lachen die Zuseherinnen meistens. Er ist zugegebenermaßen auch witzig der Spruch, wenn man ihn zum ersten Mal hört, noch dazu von einem Comedian, der auf einer Theaterbühne steht. Dann lachen viele schon, egal ob sie den Sinn verstanden haben oder nicht, weil die Erwartungshaltung natürlich auch da ist, lachen zu dürfen und zu sollen. Und schließlich hat jeder im Publikum ja auch für seine Theaterkarte bezahlt. Aber wie so viele Witze und Geschichten, über die wir herzhaft lachen, klingt auch dieser witzige Sager zuerst einmal nur witzig, doch beim zweiten Hinhören ist er weniger witzig, sondern etwas verstörend und dann bleibt ihnen irgendwie das Lachen im Halse stecken. Denn, man erwischt sich dabei, selbst dazu zu neigen, sich als Optimist zu sehen. Aber vielleicht lachen wir gerade deshalb impulsartig zuerst darüber. Meine Mamma hat immer zu mir gesagt, Menschen lachen am meisten über Geschichten, weil sie entweder wahr sind, oder über Geschichten, die total an den Haaren herbeigezogen und erfunden sind. In diesem Fall denke ich, lacht das Publikum, weil sich jeder vor seinem geistigen Auge seinen eigenen Optimisten vorstellt. Also irgendeinen anderen Typen als sich selbst. Womöglich jemanden aus seinem engeren Bekanntenkreis, wie er an irgendeine Situation patschert, weil nicht vorbereitet, aber mit viel Optimismus herangeht. Und wie es dann doch nicht klappt und der Typ dann scheitert. Und das Beste an Optimisten ist, wenn sie dann in der Situation scheitern oder nicht akzeptiert wurden, sind sie meist überrascht und verwundert. Auf Wienerisch betropetzt. Ein innerer Monolog macht sich breit:

„Eigenartig, wieso das wieder nicht geklappt hat. Ich war doch so optimistisch."

Ja, aber leider nicht vorbereitet und untrainiert. Wahrscheinlich lachen wir auch darüber, weil wir uns vorstellen, wie derjenige dreinschaut, nämlich dumm. Wie der Ochs vorm Tor. Und vielleicht fühlen wir uns ein bisserl erleichtert, weil ein anderer unvorbereiteter Optimist gemeint war und nicht wir.

Aber zum Glück hat uns keiner aus dem Publikum angeschaut. Der Optimist ist für mich der Blauäugige unter den Gläubigen! Es scheint schlichtweg naiv, in diesem Glauben in eine zwischenmenschliche Herausforderung zu gehen und sein Ziel nicht mit Training und Vorbereitung, sondern mit Optimismus erreichen zu wollen. Nicht nur, dass der Optimist ohne fundierte Kenntnisse an eine neue Sache, eine neue Aufgabe herangeht, nach dem Motto:

„Ah, wird schon nix sein!"

Über den anderen etwas zu erfahren kann wichtig sein, Menschen lesen können kann Vorteile bringen. Ein guter „Verkäufer" verkauft immer sich selbst und ist auf jede Eventualität und jedes Problem, vor allem auf jeden Kunden vorbereitet.

Optimismus ist Gutgläubigkeit, ist Blauäugigkeit. Im Erfolg ist Optimismus keine Kategorie. Aus aller Erfahrung, aber auch aus allen Studien, die ich kenne, aus allen geschichtlichen Aufzeichnungen durch Jahrhunderte waren immer diejenigen erfolgreich und siegreich, die sich perfekt vorbereitet haben und nie Optimisten.

8. GEBOT
WIR MENSCHEN SIND
AUGENTIERE

Die Körpersprache ist, wenn man es genau nimmt, unsere Ursprache. Weil es unsere erste Sprache ist und war und eben noch aus der Urzeit der Menschwerdung stammt. In ihren Grundzügen, also den wesentlichen Merkmalen wie dem Zweck, aber auch in den Bausteinen, den Elementen selbst, hat sich unsere Körpersprache seit damals kaum verändert. Als wir noch keine echte Sprache wie unsere heutigen Sprachen hatten und auch noch keine Idee von Schrift und Grammatik, Satzstellung und Vokabeln, mussten wir Menschen uns dennoch verständigen. Dabei haben wir, nicht logischerweise, sondern natürlicherweise auf die einfachste und effizienteste Methode gesetzt. Unsere Körpersprache. Gelernt von den Tieren, oder besser, damals noch wie die Tiere.

Um zu verdeutlichen, wie sehr wir körpersprachliche Signale primär wahrnehmen, können Sie selbst mit einer Gruppe von Freunden, Kollegen oder mit Ihrer Familie folgendes Experiment machen:

Test

Sie bitten die Leute, sich vor Ihnen hinzusetzen
und sich auf Sie zu konzentrieren. Jeder soll den
Finger seiner Schreibhand ganz weit über den Kopf
in die Höhe strecken. Nun fordern Sie alle auf,
zügig und exakt und alle gleichzeitig Ihren Anweisungen zu folgen und sagen:
„Tippen Sie sich bitte mit dem Zeigefinger auf
den Kopf, auf die Nase und aufs Kinn."
Sie müssen zwar Kinn sagen, aber tippen sich auf
das Ohr. Sie werden sehen, dass fast alle sich
ebenfalls aufs Ohr tippen werden, weil sie zwar
Kinn gehört, aber Ohr gesehen haben.

Warum ist ganz einfach beantwortet. Weil unser visuelles Gehirn Informationen, die im Bild manifest sind, bis zu sechzigtausendmal schneller verarbeiten kann als solche im Text. Als
ich die Studie dazu gelesen habe, musste ich auch zweimal
hinschauen. Bis zu sechzigtausendmal schneller. Schneller
heißt direkter, unvermittelter und somit in Gefahrensituati-
onen warnender und damit auch erfolgreicher. Erfolg heißt
in der Evolution, dass wir gelernt haben uns bestmöglich zu
adaptieren, also anzupassen. „Survival of the Fittest" nann-
te Charles Darwin, der wahrscheinlich wichtigste und mu-

tigste aller modernen Evolutionsforscher, dieses Verhalten. Gemeint ist damit aber nicht das Recht oder Überleben des Stärkeren aufgrund von Gewaltanwendung oder Unterdrückung, sondern vielmehr bezieht sich Darwin auf den Sozialphilosophen Herbert Spencer, der der eigentliche Urheber des Begriffs „Survival of the Fittest" ist. Damit ist gemeint, wer sich und sein Verhalten den Umständen und „Mitbewohnern", also seinem Umfeld, besser anpassen kann, hat bessere Chancen auf Fortbestand. Und in der Evolution hat sich dieses Erfolgsmodell stets durchgesetzt. In unserem Fall erfolgreich für den Empfänger, denn der ist dadurch in der Lage, durch die schnellere Übermittlung an Informationen besser zu rezipieren, also dadurch auch sein Überleben zu sichern.

Der Umstand des schnellen Sehens und schnellen Erkennens kommt aus der Notwendigkeit der körpersprachlichen Wahrnehmung von Gefahr und der Erkenntnis daraus, entweder zu flüchten oder sich mit dem anderen auseinanderzusetzen. Dieses Verhaltensprinzip nennt man Flee oder Fight. Also Flüchten oder Auseinandersetzen. Es kommt, wie unsere gesamte menschliche Basiskommunikation, also unsere Körpersprache, aus der Urzeit. Wie haben sich die Urmenschen verhalten müssen? Was war der zwingende Ablauf damals? Flee oder Fight ist uns bis heute erhalten geblieben und ist uns sozusagen immer schon „in die Wiege gelegt".

Die Urmenschen saßen vor ihren Höhlen herum und schnitzten ihre Werkzeuge, aßen gemeinsam erlegte Gazellen oder widmeten sich einer anderen Beschäftigung. Stellen Sie sich nun vor, ganz unerwartet, weil aufgrund der geringen Bevölkerungsdichte sehr sehr selten vorkommend, taucht plötzlich ein anderer Urmensch am Horizont auf. Welches Programm beginnt nun abzulaufen? Der Urmensch erschrickt, erhebt sich und macht sich groß. Er atmet dabei abrupt ein, damit er sein Gehirn möglichst rasch mit Sauerstoff versorgen kann und schaut nun gezielt und konzentriert in ebendiese Richtung. Wenn wir erschrecken, tun wir Menschen das bis heute. Wir öffnen die Augen und den Mund, um rasch viel Sauerstoff zu bekommen. Denn ein gut funktionierendes Gehirn braucht viel Sauerstoff, um die richtigen weiteren Entscheidungen treffen zu können.

Und nun entscheidet der Urmensch, was zu tun ist. Er macht einen sogenannten Full-Bodyscan seines Gegenübers, also mustert den Neuling und schaut ganz genau auf dessen Verhalten. Wie ist dessen Proxemik? Also nähert er sich schnell oder eher langsam. Er achtet genau auf dessen Gestik und dessen Mimik. Also wohin richtet er seinen Blick? Was hält er in der Hand und ist diese offen oder geschlossen? Das kann nämlich ein Indiz dafür sein, dass der andere eine Waffe in seiner Hand versteckt hält. Ist er also Feind, oder ist er Freund? Das galt es herauszufinden, damals wie heute. Und das dauerte damals wie heute bei uns Menschen nur wenige Augenblicke. Und nur danach trafen und treffen wir Menschen unsere Entscheidung, muss ich fliehen, oder kann ich bleiben und mich mit dem „Eindringling" freundschaftlich vertragen. Natürlich ist unser Verhalten in der Zwischenzeit differenzierter geworden, den Umständen der Evolution angepasst, aber das Grundmuster von Flee oder Fight ist bis heute unverändert. Wir versuchen aus dem ersten Sichtkontakt zu schließen, ob uns jemand wohlgesonnen ist oder eben nicht. Wir waren und sind Augentiere. Der überwiegende Teil unserer Wahrnehmung von Informationen basiert auf der optischen Wahrnehmung. Und deswegen neigen wir eben bis heute dazu, eher den Dingen zu folgen, die wir an jemandem sehen, als den Dingen, die wir hören. In der Wissenschaft gibt es dazu einen interessanten Test, der diesen Effekt veranschaulicht, der den schönen Namen McGurk-Effekt trägt. Sie können sich das im Internet ansehen und anhören und staunen, wie sehr wir uns zwar auf unsere Augen verlassen können und müssen, und sie uns dennoch manchmal hinters Licht führen.

VIDEO: MCGURK-EFFEKT
https://youtu.be/G-lN8vWm3mO

Es gibt dazu ergänzend in der modernen Wissenschaft folgende Erklärung:

Wir Menschen verfügen über verschiedene Sinne, auf die wir uns im Allgemeinen recht gut verlassen können. Das Hören, das Sehen, das Riechen, das Schmecken und das Fühlen, also der Tastsinn. Nachzusehen im 1. Gebot bei Einstein und seiner Zunge. Böse Zungen behaupten, bei uns Männern wandeln sich diese fünf Sinne im Laufe der Jahre um. Und unsere männlichen Sinne sind Leichtsinn, Blödsinn und Schwachsinn.

Aber zurück zur Wissenschaft und zu unseren echten Sinnen, die auch als klassische Sinne definiert werden. Fünf insgesamt: das Sehen, die visuelle Wahrnehmung mit den Augen, das Hören, die auditive Wahrnehmung mit den Ohren, das Riechen, die olfaktorische Wahrnehmung mit der Nase, das Schmecken mittels Zunge, also die gustatorische Wahrnehmung, und natürlich der Tastsinn, das Fühlen, die taktile Wahrnehmung über die Haut. Weil unsere fünf Sinne einer Ordnung unterliegen, lässt sich auch erklären, warum wir Menschen „Augentiere" sind. Unser dominanter Sinn ist das Sehen, also die visuelle Wahrnehmung mit den Augen. Sie steht über oder vor der Wahrnehmung durch das Gehör. Daher nehmen wir einen Großteil unserer Informationen durch das Sehen auf. Und daher ist die Körpersprache für den Menschen so bedeutend. Das Sehen, unsere visuelle Wahrnehmung, dominiert den Hörsinn.

Wenn wir zum Beispiel Buben mit einem Fußball im Hof oder im Garten spielen sehen, und plötzlich hören wir eine Glasscheibe zerbrechen. Dann sehen wir einen Bub mit einem Fußball unterm Arm, der an uns vorbei- und davonlaufen will. Wir halten ihn auf und fragen ihn mit strenger Miene, ob er gerade mit seinem Ball eine Fensterscheibe eingeschossen hat. „Warst Du das?" Er steht vor uns, hält seinen Ball unter dem Arm, dreht seinen Oberkörper von links nach rechts und wendet seinen Blick in Richtung Boden und er presst die Lippen zusammen. Dann sagt er:

„Nein, ich war das nicht!"

Glauben wir das, was er uns sagt, also das, was wir hören, oder folgen wir eher dem, was wir an seiner körperlichen Aktion gesehen haben? Natürlich glauben wir dem kleinen Schlingel kein Wort, sondern verlassen uns voll und ganz auf unser Bauchgefühl, denn das hat bereits herausgefunden, dass sein Körper etwas ganz anders gesagt hat. Wir sind nicht „ungläubig" gegenüber dem Buben, weil wir so sein wollen oder weil wir gemein sind. Nein. Wir glauben ihm nicht, weil wir so reagieren müssen. Das ist die Dominanz der Sinne. Wir Menschen neigen nämlich dazu, primär den Dingen zu folgen, die wir sehen, als den Dingen, die wir hören, weil das Sehen, unsere visuelle Wahrnehmung den Hörsinn dominiert. Und genau deshalb ist Körpersprache so wichtig. Weil wir aus dem Körper und dem Verhalten der Mitmenschen Informationen herauslesen können.

Um das Thema „Augentier" zu verdeutlichen, werfen wir doch einen Blick auf die Bühne. In meiner Comedyshow *BODY LANGUAGE* beschreibe ich das Phänomen rund um Conchita dem Publikum so:

„(...) viele Menschen sind verwirrt und sagen, fesche Katz mit den langen schönen Haaren,

geiles Dekolleté mit Titten … und dann hat's einen schiachen Bart, geh pfui! Mich persönlich stört das nicht, denn viele meiner neapolitanischen Cousinen schauen genauso aus."

Conchita Wurst, (…) der weltbekannte österreichische Travestiekünstler und Sänger Thomas Neuwirth. So wird Thomas Neuwirth nämlich auf Wikipedia beschrieben. Eben weltbekannt als Conchita Wurst. Ein Bursche, den ich bewundere, ein Top-Künstler in meinen Augen.

In einem Interview hat Thomas Neuwirth das Phänomen Conchita ganz gut auf den Punkt gebracht, indem er über Authentizität beziehungsweise Kunstfiguren Folgendes sagte:

„Was wir Kunstfiguren machen, ist wie es der Name schon sagt, Kunst. (…) aber am Abend sind wir immer noch gerne in dem Körper, in dem wir geboren wurden."

Er hat also sein Alter Ego, sein Über-Ich für die Bühne entworfen, und zwar so authentisch wie es nur geht. Aber eben nach meinem Gebot, dem Gebot der echten Authentizität, ganz Profi und ganz der Marketinglogik folgend. Wenn wir Conchita ansehen, ist das verständlicherweise für manche verwirrend. Denn wir sehen ja aus der Proxemik heraus klar eine Frau, wie sie steht, wie sie geht, mit den Hüften schwingt. Wir sehen aus der Gestik heraus eine Frau, wie sie die Arme, die Finger ver-

Manderl oder Weiberl ...

wendet, elegant und zart. Und wir sehen aus der Mimik heraus ebenfalls eine Frau. Aber wir sehen auch diesen dunklen männlichen Bart. Und stutzen! Viele Menschen waren, als Conchita für den Songcontest nominiert wurde, nicht nur verwirrt, sondern auch wütend und haben aggressiv gerufen:

„Was ist das jetzt, ein Männchen oder ein Weibchen?"

Manche haben gesagt:

„Das ist doch völlig Wurst."

Gut, wenn man es nicht wüsste, könnte man meinen, Conchita Wurst ist das uneheliche Kind von Verona Pooth und Harald Glööckler. Es lebe die Mischkulanz!

Sie begegnen einem Menschen das erste Mal in Ihrem Leben und dennoch haben Sie oft das Gefühl, diesen Menschen schon lange zu kennen. Woher kommt das? Wie kann das sein? Sie haben nicht mit dem Menschen gearbeitet, weder waren Sie gemeinsam in der gleichen Schule oder haben sonst einen Berührungspunkt im Leben.

Dr. Alexander Todorov, einer der führenden Wissenschafter auf seinem Gebiet, führt das auf den Umstand der Körpersprache zurück, genauer gesagt auf das Gesicht eines Menschen. Wir sehen das Gesicht eines Menschen zum ersten Mal. Dieses Gesicht, sogar ohne spezielle Mimik, kann uns signalisieren, ob wir eine gemeinsame Basis haben werden oder eben nicht. Also bereits das erste Wahrnehmen und was wir daraus ableiten, entscheidet über Ja oder Nein. Anzumerken ist dabei, dass Dr. Alexander Todorov auch sagt, dass es sich hierbei um primäre Erkenntnisse handelt. Er räumt auch ein, dass unsere Schlüsse und Entscheidungen aus dem Gesicht eines Menschen nicht nachhaltig gültig sind, aber als Impulsgeber für unsere Entscheidungen dennoch wichtig. Würde man versuchen, das in Sprache umzuwandeln und auf eine einfache Formel zu bringen, würde sich diese so lesen lassen:

Gesicht als Auslöser für:
Antipathie/Sympathie

Sympathie erzeugt in uns Vertrauen

Vertrauen schafft eine starke Basis für
künftiges Kommunikationsverhalten

In einer seiner Publikationen „The functional basis of face evaluation" (Oosterhof N.N. & Todorov A., 2008) beschreibt Todorov nicht nur, wie diese Vorgänge ablaufen und welche Zusammenhänge es gibt, sondern er erzählt auch darüber, wie schnell diese Abläufe bei uns im Gehirn passieren.

Raten Sie einmal, wie lange wir Menschen brauchen, um aus einem Gesicht herauszulesen, ob der- oder diejenige kompetent ist und ob wir diesem Menschen vertrauen können. Wir brauchen dafür im Durchschnitt eine Tausendstelsekunde. Das ist so schnell, dass wir uns das gar nicht vorstellen können, aber es passiert. Dauernd, immer wieder täglich. Ob im Beruf oder privat. Menschen entscheiden, wenn Sie uns das erste Mal und nur kurz ansehen, impulsartig in dieser kurzen Zeitspanne von Sekundenbruchteilen, ob sie uns eine zweite Chance für ein weiteres „Date" geben, oder eben nicht. Und das passiert jedem Menschen, ob Mann oder Frau, jedes Mal, wenn sich uns jemand zum ersten Mal vorstellt. In meinem Beruf etwa heißt das, ich habe einen guten Eindruck hinterlassen und werde für ein weiteres Vorsprechen eingeladen. Oder eben nicht. Bei Politikern heißt das, der oder die hat auf uns überzeugend gewirkt und wird gewählt. Oder eben nicht!

Wir erinnern uns an den ersten Eindruck! Und wir definieren davon ausgehend, wie groß unser Vertrauen in einen Menschen ist. Oder eben nicht.

Es gibt in der Forschung zur Körpersprache und zur ersten Begegnung eine Versuchsreihe, die zeigt, wie Männer und Frauen das „erste Mal" aufeinander reagieren, Wahrscheinlich haben Sie auch schon davon gelesen oder gehört.

Diese Tests, die man gemacht hat, versuchten offenzulegen und herauszufinden, wo genau Männer bei Frauen zuerst hinsehen, wenn sie einander das erste Mal begegnen. Und wo schauen Frauen zuerst bei den Männern hin, wenn sie einander das erste Mal begegnen. Bevor ich Ihnen das Testergebnis verrate, eine kleine Anekdote aus dem Theater. Wenn ich auf der Bühne meine Comedyshow *BODY LANGUAGE* spiele, frage ich das natürlich auch mein Publikum, was immer für Erheiterung sorgt.

Männer wie Frauen antworten eigentlich oft recht geradlinig. Männer aber biologisch unverdorbener. Sie selbst würden bei Frauen auf den Busen schauen, dann auch auf die Augen, dann auf den Hintern und weitere sehr biologische Ansagen folgen noch. Als nächstes frage ich die Männer, wie lange sie glauben zu brauchen, um zu erkennen, das könnte die richtige Frau sein, auch die fürs Leben.

Da kommen dann die witzigsten Antworten, aber die charmanteste und tiefgründigste war:

„Ein Leben lang."

Wenn ich danach auch die Frauen in den Seminaren oder auf der Bühne in meiner Show *BODY LANGUAGE* frage, wo schauen Sie zuerst bei einem Mann hin, der erstmals auf Sie zukommt? Da kommen manchmal die verblüffendsten Antworten. Auf den Hintern. Dann müssen alle lachen ob der Ehrlichkeit und wundern sich doch, wie man denn auf den Typen zugeht. Etwa von hinten?!

Eine ältere Dame im Theater hat einmal ganz bestechend ehrlich und laut gerufen:

„Ich schau zuerst aufs Konto!"

Aber jetzt einmal ganz wissenschaftlich. Wenn Frau und Mann einander das erste Mal begegnen, wo schaut sie hin, um festzustellen, ob er der Richtige für den Job ist oder auch der Richtige fürs Leben sein könnte?! Auf welchen Körperteil schauen Frauen bei Männern zuerst und umgekehrt?

Wissenschaftliche Tests zum Begegnungsmuster in der Körpersprache bei Männern und Frauen haben Folgendes ergeben:

1) Männer begegnen einer Frau das erste Mal und schauen der Frau zuerst … immer in das große Dreieck. Das große Dreieck bei Frauen beginnt bei den Augen, danach geht der Blick direkt hinunter tief ins Dekolleté. Männer brauchten im Test für die Entscheidung, ob das die potentiell Richtige fürs Leben sein könnte, im Schnitt 1,5 Sekunden.

2) Frauen begegnen einem Mann das erste Mal und schauen dem Mann zuerst … immer in das kleine Dreieck. Das kleine Dreieck beim Manne beginnt nicht da, wo viele meinen möchten. Das kleine Dreieck beginnt bei den Augen, geht nach hinten bis zu den Ohren und dann runter über die Backenknochen bis zum Hals, wo der Adamsapfel sitzt. Frauen brauchten im Test für die Entscheidung, ob das der potentiell Richtige fürs Leben sein könnte, im Schnitt 0,5 Sekunden.

Das sagt uns über Männer und Frauen, dass Frauen eindeutig die schnelleren Entscheidungen treffen können. Ihr „Bauchgefühl" ist also stärker ausgeprägt als das bei Männern. Das impliziert nicht, dass die getroffenen Entscheidungen längere Gültigkeit oder mehr Anspruch auf Qualität haben. Es sagt lediglich, dass wir Männer uns schwerer tun Entscheidungen zu treffen.

Das große Dreieck der Frauen

Das kleine Dreieck der Männer

Vielleicht gehen Sie auch gerne auf Märkten einkaufen. Ich liebe den Wiener Naschmarkt schon alleine deshalb, weil man dort Studien über Menschen und das menschliche Verhalten machen kann. Man lernt viel über Verhalten und nonverbale Kommunikation. Alleine von den Standlern, vulgo Verkäufern, und natürlich von denen, die von den Köstlichkeiten naschen und kosten, also von den potentiellen Kunden. Man sieht, wie sie die Ware beäugen und mit Signalen der Mimik und Gestik bewerten. Man sieht alle Facetten der Körpersprache.

Wenn der potentielle Käufer zum Beispiel ein „saures Zitronengesicht" macht, um mit dieser Mimik zu bedeuten, dass er den Preis für die Ware nicht für angemessen hält. Ausdruck = Aussage:

„Ich kaufe um den Preis sicher nicht Dein viel zu saures Obst."

Ohne dass auch nur ein Wort gefallen wäre, erkennt der Standler anhand dieser „Ekelmimik" die Aussage hinter dem Ausdruck, der einen Eindruck hinterlässt, und reagiert. Der Käufer hat durch seine Körpersprache eine gute Ausgangsposition geschaffen. Der Standler hat erkannt, dass der Käufer offenbar mit etwas unzufrieden ist. Nun beginnt beim Standler, was ich den „inneren Monolog" nenne:

„Was für ein sieriger Hund! Der macht mei War schlecht, damit ich mit dem Preis runtergeh."

Der Verkäufer wird aber reagieren, will er verkaufen. Er wird also entweder bessere oder andere Ware heranschaffen, oder er wird einen besseren Preis bieten müssen, um doch zu überzeugen und die Mimik des Kunden auf „Überraschung" oder „Freude" zu bringen. Und so hat im Alltag unsere Körpersprache entscheidend mitgeholfen einen Menschen zu beeinflussen. Wir sind zum Käufer geworden, aber noch viel besser, wir haben Geld gespart! Denn zum Sparen braucht es nicht unbedingt einen Spar und auch keinen Sparefroh! Man kann auch so als Gewinner vom Platz gehen, oder eben vom Naschmarkt.

Test

Machen Sie es genauso, wie ich es in meinen PDC© Seminaren für Körpersprache oder in meiner Comedyshow BODY LANGUAGE auf der Bühne mache. Fragen Sie doch in Ihrem Freundes- und Bekanntenkreis oder bei Ihren Kollegen in der Firma nach, wo die Männer bei den Frauen, und dann umgekehrt, zuerst hinschauen. Oder wo sie glauben zuerst hinzuschauen.

Sie werden sehen, Sie erhalten ebenfalls die skurrilsten Antworten, aber können als informierte Leser der 10 Gebote der Körpersprache anschließend alles aufklären.

Als Bundeskanzler Christian Kern Anfang des Jahres 2017 in Wels in dem runden Saal aufgetreten ist, hat er nichts dem Zufall überlassen. Er hat dort inhaltlich seinen „Plan A" vorgestellt. Aber was mir zuerst einmal aufgefallen ist, war der runde Saal, in dem er seinen Plan vorgestellt hat. Rund wie das Kolosseum, 360-Grad-Kamerafahrten waren quasi möglich, im Hintergrund immer das Publikum. Was noch aufgefallen ist, dass alles mit einer sehr feinen Choreographie aufgebaut war und der Bundeskanzler gezielt auf wichtige körpersprachliche Signale gesetzt hat. Viel Proxemik, also viele Gänge waren möglich, klare Gestik, sehr wissenschaftlich betont, und fragen Sie sich doch jetzt bitte einmal selbst, welche Inhalte Ihnen aus seiner Rede noch im Gedächtnis sind. Sagte er fünfzigtausend neue Arbeitsplätze, oder fünfhunderttausend? Aber wahrscheinlich ist den meisten Menschen folgende Aussage in Erinnerung geblieben:

„Nicht Ihr habt unseren Weg verlassen, wir haben unseren Weg verlassen und dafür (...) möchte ich mich bei Euch entschuldigen."

Warum haben wir uns diesen Satz leichter gemerkt? Klar ist er immer wieder durch die Medien gegeistert und immer wieder aufgetaucht und immer wieder zitiert worden. Doch die Rede dauerte neunzig Minuten, also ein Fußballspiel lang. Warum ist also gerade dieser Satz so eindrucksvoll gewesen? Gut, eine Entschuldigung eines Kanzlers bei seinen Wählern ist lange nicht da gewesen. Aber besonders hängen geblieben ist der Satz, weil der Bundeskanzler ihn auf eine körpersprachlich besondere Art und Weise dargebracht hat. Was hat er denn dabei gemacht? Er hat die Entschuldigung besonders betont, die Augen kurz weiter aufgemacht, den Blick also direkt aufs Publikum gerichtet, als Zeichen seiner Erkenntnis, nämlich genau bei „Nicht ihr". Und als er den ganzen Satz zu Ende gesagt hat, hat er seinen Kopf nach „entschuldigen" für sage und schreibe geschlagene acht Sekunden gesenkt und seinen Blick nach unten gerichtet. Und das Signal des gesenkten Kopfes und des gesenkten Blicks gemeinsam mit der lang gesetzten Pause ist ein Zeichen von Demut und signalisiert auch ehrliche Betroffenheit.

Das löst in uns beim Zusehen einen sogenannten inneren Monolog aus, und ich frage dann gerne im Bekanntenkreis, was war denn dabei Euer innerer Monolog, oder was hast Du Dir gedacht beim Zusehen? Und die meisten haben erwartungsgemäß geantwortet:

„Das finde ich cool von ihm ... toll, scheint ehrlich ... der meint das ernst ..."

Sprache und Körpersprache, Inhalt und Geste waren hier gut platziert und kongruent, also deckungsgleich. Und das löst Vertrauen in den Zuhörern und Zuhörerinnen aus und bringt Applaus, Zustimmung, also womöglich auch Erfolg in der Zukunft.

VIDEO: REDE VON CHRISTIAN KERN
https://www.youtube.com/watch?v=VZr1MkOYhql

Ein alter Spruch sagt „Vertrauen ist gut, doch Kontrolle ist besser!"

Ich aber sage Euch, um es prophetisch klingen zu lassen, es gibt keinen Grund, warum wir Menschen danach leben sollten. Im Gegenteil, ich denke, wir sollten den Spruch einfach umdrehen und uns sagen: Kontrolle ist gut, Vertrauen ist besser! Das gilt, was mich angeht, auf jeden Fall. Bei meinen Kindern, bei der Arbeit auf der Bühne, in den Seminaren und auch bei der Körpersprache. Wenn wir die wichtigen Dinge trainieren, üben und oft anwenden, werden wir sicherer und sicherer. In allem was wir tun, erlangen wir Vertrauen. Erinnern Sie sich an Ihre Kindheit, als Sie Fahrrad fahren gelernt haben. Am Anfang mit Mama und Papa, dann mit Stützrädern und nach vielen, vielen Metern und Kilometern endlich ist Ihnen die Balance ins Fleisch und Blut übergegangen. Sie konnten darauf vertrauen und Ihre Eltern konnten Ihnen vertrauen. Es kommt irgendwann der Zeitpunkt, wo Sie Ihre Kinder nicht mehr kontrollieren sollen und wollen, sondern auf sie vertrauen wollen, also sich auf sie verlassen können. Man entwickelt Selbstvertrauen! Genauso wichtig wie unser Selbstvertrauen ist in der Kommunikation anderen zu signalisieren, dass sie uns vertrauen können. Egal, ob Sie Bundeskanzler sind, Verkäuferin, Lehrer oder eben Eltern. Ein geschickter Verkäufer wird immer zum richtigen Zeitpunkt das richtige Mittel bereithaben, um in Ihnen Vertrauen zu erzeugen. Wenn er kompetent ist. Gut. Wenn er charmant ist, noch besser.

Aber was macht einen vertrauenswürdigen Verkäufer aus? Was macht eben diesen kleinen Unterschied aus, den wir wahrnehmen, spüren, aber der mit Zahlen, Daten, Fakten oder dem Produkt selbst nicht zu erklären ist, weil es rein gar nichts damit zu tun hat? Es ist das Vertrauen, das der Verkäufer oder die Verkäuferin geschafft hat in uns zu wecken.

Eine besondere Wichtigkeit beim Vertrauen und überhaupt beim zwischenmenschlichen Kommunizieren nehmen unsere Hände und die Begrüßung mittels Handschlag ein. Die Koryphäe für die Bedeutung der Hände in der Körpersprache ist der australische Professor Allan Pease. Er legt besonders Augenmerk auf einen der wichtigsten Körperteile innerhalb des wissenschaftlichen Dialogs über die zwischenmenschliche Kommunikation. Prof. Pease hat im Zusammenhang mit Vertrauen und Bauchgefühl große und lange Studien durchgeführt. Die Ergebnisse sind interessant und dennoch verblüffend logisch. Für mich hätten seine Erkenntnisse daraus gar nicht anders sein können. Im Bereich der Körpersprache gibt es die Gestik, also den Bereich der Zeichen und Signale, und das, wenn Sie so wollen, Herumfuchteln mit den Händen.

Tipp

Diese kleine Tricks können Sie nächstes Mal anwenden, um im Gespräch mit jemandem gezielt eine Vertrauensbasis herzustellen.

- Grundsätzliche Freude zeigen
- Partner mit Namen ansprechen
  (steigert Aufmerksamkeit enorm)
- Fußspitzen zum Partner drehen
  (zeigt Zuwendung)
- Serviler Handschlag (zeigt Hilfsbereitschaft)
- Kopf leicht zur Seite neigen beim Zuhören
  (bedeutet Verständnis)
- Berühren des Partners (unterstreicht Nähe)
- Einsatz der passenden Mimik
  (Spiegelneuronen F.A.C.S.)

Pease hat sich eingehend mit dem System der Hand oder Hände, also deren Ordnung, Bedeutung und Unterordnung, beschäftigt.

Folgendes sollten Sie zu Ihren Händen wissen:

Wenn Sie jemandem das erste Mal die Hand schütteln, bekommen Sie unterschiedliche Informationen, die für Sie sehr aufschlussreich sein können. Die Hände und besonders der Händedruck eines Menschen sagen einiges über ihn aus.

Wenn Sie einen Händedruck erhalten, können Sie daraus drei verschiede Ebenen erkennen und drei elementare Informationen herausspüren. Prof. Allan Pease sagt, dass Menschen schon beim ersten Händeschütteln sofort ein gutes oder weniger gutes Bauchgefühl haben.

Genauso wichtig wie der Druck beim ersten Handgeben ist die Haltung der Hand dabei. Man unterscheidet bei der Stellung oder der Haltung der Hand beim Handschlag ebenfalls zwischen drei unterschiedlichen Typen.

Dominante Hand nennt man es, wenn der Handrücken der Person oben ist, die Handfläche nach unten zeigt.

Neutrale Hand nennt man es, wenn sich beide Hände in senkrechter Position begegnen.

Servile Hand nennt man es, wenn Ihnen die Person mit nach oben gedrehter Handfläche beim Handschlag begegnet.

VIDEO: ALLAN PEASE
https://www.youtube.com/watch?v=ZZZ7k8cMA-4

Beim Handschlag zählt Qualität

Tipp

Dominante Hand = Person zeigt Macht und Über-
legenheit, fordert Unterordnung, Indiz für schwierige Beziehung

Neutrale Hand = Gutes Handgefühl, wirkt vertrauensvoll, zeugt von gegenseitigem Respekt, Indiz für
gute Beziehung

Servile Hand = Person will dienen, signalisiert
Hilfsbereitschaft, Offenheit, indifferente Beziehung

Tipp

Auffallend starker Händedruck = Person lässt ihre Macht spüren, fordert Unterordnung, respektiert Ihre Position nicht, Indiz für schwierige Beziehung

Gleichwertiger Händedruck = Gutes Handgefühl, wirkt vertrauensvoll, zeugt von Respekt und Einfühlungsvermögen, Indiz für gute Beziehung

Auffallend schwacher Händedruck = Person ist nicht entscheidungsstark, fühlt sich Ihnen unterlegen, wenig willensstark, Indiz für schwierige Beziehung

9. GEBOT
UNSER WICHTIGSTES KOMMUNI-
KATIONSTOOL IST DER KÖRPER,
NICHT DAS HANDY

Unser Körper ist das wichtigste und beste Kommunikationstool, das wir haben. Und dennoch können sich viele Menschen nicht damit ausdrücken. Besser wird das auf keinen Fall, wenn man mit dem Handy so aufwächst wie unsere Kinder, unter Ausschluss der körperlichen Ausdrucksmöglichkeiten. Kleinstkinder müssen im Kinderwagen sitzen und mit dem Handy „spielen", damit Mama und Papa ihre Ruhe haben. Was passiert, haben renommierte Wissenschafter versucht herauszufinden. Eine Erkenntnis daraus lässt sich wie folgt zusammenfassen, nämlich, dass die ungestörte Aufmerksamkeit für das Baby und der Augenkontakt zwischen Mama und Baby, also eine bewusste Hinwendung und die stille Unterhaltung mit dem Kind mittels Körpersprache, enorme Bedeutung für die Entwicklung haben. Babys, die mit Handy oder Fernsehen um die Aufmerksamkeit der Mutter ringen müssen, entwickeln sich mit Defiziten. Das zieht sich in der Entwicklung der Kinder weiter. Beobachten Sie Jungendliche, wie sie mit ihrem Handy umgehen. Sie verwenden es zumeist als Ersatz für zwischenmenschliche Kommunikation. Dinge werden in der Pause am Schulhof dem anderen nicht mehr von Angesicht zu Angesicht mitgeteilt, sondern via Handy, SMS, Twitter, WhatsApp oder einem anderen Messengerdienst. Statt eigener angewandter Mimik werden Smileys verschickt, der eigenen Fähigkeit Körpersprache anzuwenden werden Apps vorgeschoben.

Das Substituieren der eigenen Sprache und Körpersprache heißt aber auch, dass Informationen auf der Gefühlsebene nicht mehr selbst ausgetauscht werden. Das heißt, dass diese verlernt oder gar nicht erst richtig gelernt werden. Das wiederum bedingt das Fehlen jeglicher emphatischer Reize und das Nichterkennen und Nichtlesenlernen der zwischenmenschlichen Muster. Es ist wie das „Nichttrainieren" unserer Ursprache. Was zur Anwendung kommt, ist ein Rudiment, ein verkümmertes, teilweise oder gänzlich funktionsloses Werkzeug. Für spätere Situationen im Leben ein Fiasko. Das schlimmste habe ich in den USA in Los Angeles erlebt. Dort ist es in Bars mittlerweile nicht mehr möglich, jemanden auf normalem Wege kennenzulernen. Also man betrit die Bar, sieht einen Menschen in seinem Blickfeld, beginnt mittels Augenkontakt und später mittels Flirtverhalten ein Gespräch anzubahnen. Unmöglich. Das passiert mittlerweile über Tinder. Eine App am Handy, die mir sagt, der Typ neben mir ist bereit mit mir in Kontakt zu treten, oder eben nicht. Ansprechen, eine normale charmante Konversation, einfach so? Fehlanzeige. Das kann ins Auge gehen und man riskiert eine Anzeige wegen Belästigung in der Öffentlichkeit.

Smileys als Mimik-Ersatz

Mein Jahrgang ist noch in den 80er und 90er Jahren des vorigen Jahrhunderts in Bars und Discos gegangen. Nicht weil die Luft dort so gut war oder die Drinks so günstig. Nein! Wir haben uns mit Sprache und Körpersprache im übertragenen Sinn den „Hintern aufgerissen", damit wir was „reißen" bei den Mädeln. Wir sind nur wegen und mit unserem Bauchgefühl in Discos gegangen, um Menschen kennenzulernen. Charmant umschrieben. Wir nannten das aufreißen gehen. Aufreißen klingt ja nicht so romantisch, aber es ist körpersprachlich ganz passend. Ein Freund von mir hat es damals bildlich so beschrieben:

„Der Installateur muss eine Wand auch zuerst aufreißen, damit er dann sein Rohr verlegen kann!"

Heute sollen wir das nicht mehr tun, sondern ganz einfach und effizient, aber natürlich kostenintensiv, unsere Partner auf einer Datingplattform kennenlernen. Wie unsexy, geht's noch?!

Sie kennen sicher den Werbespot von der Datingplattform „Parship", wo eine Blondine bei sich zu Hause steht und uns erklärt, wie leiwand das ist, bei „Parship" und wie erfolgreich sie das jetzt macht, im Gegensatz zu früher:

„Ich? Ich paarshippe jetzt!"

Der Spot läuft seit einem gefühlten Jahrzehnt im Fernsehen und die Blondine hat scheinbar immer noch nicht den Richtigen gefunden. Doch nix mit dem Traumpartner kennenlernen online?! Wir hatten damals kein Internetportal und keine App. Wir haben vor dem Spiegel geübt, jedes Wochenende einen neuen Dancemove, den wir dann live, also am lebenden Objekt, vorgeführt haben. Wir haben uns chic gemacht für das wöchentliche Vergnügen. Vokuhila, vorne kurz, hinten lang das Haar und ein lilafarbener Spencer, mit einem weißen Hemd. Ich habe ausgeschaut wie eine Milka-Kuh. Aber wir haben alle Register gezogen, was zwischenmenschliche Kommunikation angeht, Mimik, Gestik Proxemik, Mode. Wir haben damals natürlich nicht darüber nachgedacht, dass unsere Körpersprache unsere Ursprache ist, wir haben's gespürt und wir haben's trainiert und verfeinert. Unsere ureigenste Sprach- und Ausdrucksform. Und die Mädchen haben's auch gespürt.

VIDEO: CIRO DE LUCA, COMEDYSHOW BODY LANGUAGE
https://www.youtube.com/watch?v=RbN7KMdM_v8

„Am Anfang war das Wort" ist also völliger Blödsinn aus wissenschaftlicher Perspektive betrachtet. Vielmehr müsste es heißen, am Anfang war der Blick. Und zwar der erste Blick.

Und danach der zweite Blick. Der erste Blick ist aber klarerweise wichtiger. Sehr wichtig, denn bereits in der Urzeit mussten wir, wie auch heute noch, auf alle Gefahren, wenn schon nicht vorbereitet sein, zumindest rasch reagieren. Wir verlassen uns zwar gerne auf Technik wie Handys, Kameras, Telefone, Radios, Sensoren, Apps und so weiter. Aber das effizienteste Warnsystem ist unser Körper. Ausschließlich auf den könnrn wir uns verlassen. Unser mächtigster Sensor ist unser Auge. Und alle Sinne zusammen bilden eine untrügliche Basis für Entscheidungen, die wir treffen. Gefahren erkennen ist das Um und Auf des Lebens, aber vor allem des Überlebens. Natürlich ist es heute nicht mehr notwendig vor einem Säbelzahntiger zu flüchten. Aber die Grundentscheidung unseres Verhaltens, also entweder Flucht oder eben Verweilen, ist immer noch dieselbe. Flee or Fight. Wir bleiben und setzen uns mit jemandem auseinander, oder wir gehen jemandem aus dem Weg.

Wir können durch Körpersprache kommunizieren, die wichtigsten Infos weitergeben und empfangen. Wir können verstehen und wir werden verstanden.

Das verblüffende ist, dass unsere Körpersprache sich zurückzubilden scheint, ab dem Alter, in dem wir anfangen eine gesprochene Sprache zu lernen. Wir tauschen also unsere erste Sprache, unsere Ursprache, die wir bereits perfekt konnten und die jeder rund um uns versteht und die sogar weltweit jeder Mensch verstehen kann, gegen eine viel kompliziertere Sprache. Wir tauschen sozusagen bereits erlernte oder auch angeborene Fähigkeiten gegen Fähigkeiten, die wir erst mühsam von Grund auf neu erlernen müssen und die aufgrund ihrer Komplexität viel mehr Übung bedarf. Ein auf den ersten Blick eher nachteiliger Tausch gegen eine Sprache, die wir erst mühevoll verbalisieren müssen, die überdies auch regional stark begrenzt ist. Denn gesprochene Sprachen lassen sich sogar wieder in regionale Sprachen und lokale Dialekte unterteilen. Warum wir nicht bei der Körpersprache geblieben sind, die jeder Mensch verstehen kann, ist schon ein Rätsel, das wir nicht so schnell lösen werden. Nicht dass jetzt der Eindruck entsteht, Sprache ist schlecht, oder dass ich sie ablehne. Im Gegenteil. Sprache ist wunderbar, sie ist vielschichtig. Ich zum Beispiel verwende sie aufmerksam und sorgfältig, vor allem auch beruflich. Aber ich kann nicht verstehen, wieso wir unsere Körpersprache gegen unsere Sprache tauschen müssen. Wieso wir sie ersetzen müssen, anstatt sie zu ergänzen. Beides ist möglich und vor allem wird erst durch den Einsatz beider Sprachen miteinander unsere menschliche Kommunikation komplex, schön, intensiv und vor allem emotional bereichert. Und wir können so ja effizienter kommunizieren als mit einer Sprache. Wir können unsere Sprache und unsere Körpersprache in Kongruenz bringen.

Ich empfehle ja, Körpersprache einmal die Woche zu trainieren, und biete dazu regelmäßig entsprechende Coachings und Seminare an, zum Beispiel mein PDC© Seminar für Kommunikation und Körpersprache.

Für den Anfang genügt einfach einmal ins Theater zu gehen und sich meine Comedyshow *BODY LANGUAGE* anzusehen. Da gibt es viele kleine interessante Geschichten über das Verhalten von Männern und Frauen und ich mache mit dem Publikum einfache Übungen und gebe einfache nützliche Hinweise. Sie werden überrascht und auch fasziniert sein, was Sie nach einem Abend Körpersprache im Infotainment-Format alles mitnehmen können für sich.

Einer unserer Trainer, Prof. Dennis Clarke, sprach immer vom K.I.S.S.-Prinzip. K.I.S.S. heißt schlicht und ergreifend „Keep it short and simple", was übersetzt so viel bedeutet wie „Halte es kurz und einfach". Das kommt aus dem Bereich des modernen Marketing. Denn im modernen Marketing geht es schlicht darum, dem Konsumenten bildlich, sprachlich und inhaltlich, also präzise, kurz und eindeutig klarzumachen, dass das Produkt toll ist und er es deshalb haben will. Und „haben wollen" lässt sich im Marketing ganz einfach mit dem Begriff „kaufen wollen" übersetzen. Kaufen heißt mehr Umsatz, heißt am Ende mehr Gewinn. Und das in möglichst kurzer Zeit. Ein Werbespot dauert eben einmal ein paar Sekunden, ein Werbeplakat wird nicht länger als einen Sekundenbruchteil lang betrachtet. Das heißt, wenn Sie sich verkaufen wollen, dann schwafeln Sie nicht stundenlang über irgendein belangloses Thema, sondern verkaufen Sie sich kurz und prägnant.

Die Urfom von K.I.S.S. steckt aber direkt in einer sehr alten These aus der Wissenschaft des Mittelalters und ist auch bekannt unter dem Begriff „Ockhams Rasiermesser". Dazu findet man auf Wikipedia folgenden Eintrag, den ich der Klarheit halber so übernehmen will.

„Ockhams Rasiermesser – auch Prinzip der Parsimonie, lex parsimoniae oder Sparsamkeitsprinzip – ist ein heuristisches Forschungsprinzip aus der Scholastik, das bei der Bildung von erklärenden Hypothesen und Theorien höchstmögliche Sparsamkeit gebietet. Das nach Wilhelm von Ockham (1288–1347) benannte Prinzip findet seine Anwendung in der Wissenschaftstheorie und der wissenschaftlichen Methodik. Es besagt:

1. *Von mehreren möglichen Erklärungen für ein und denselben Sachverhalt ist die einfachste Theorie allen anderen vorzuziehen.*

2. *Eine Theorie ist einfach, wenn sie möglichst wenige Variablen und Hypothesen enthält und wenn diese in klaren logischen Beziehungen zueinander stehen, aus denen der zu erklärende Sachverhalt logisch folgt.“*

K.I.S.S. findet in Abwandlungen auch in anderen Bereichen Anwendung. Zum Beispiel findet man diese K.I.S.S.-Formel auch im Sprichwort „In der Kürze liegt die Würze".

K.I.S.S. lässt sich auch mit exakt der gleichen Abkürzung, aber mit etwas anderen Adjektiven und Inhalten verknüpft bestens verwenden und verstehen. Hier einige Beispiele dafür, die für Sie ebenso passend sein könnten:

Keep it sweet & simple.
Gestalte es gefällig und einfach.

Keep it speckless & sane.
Mach es sauber und gesund.

Ein Leitspruch, der hervorragend als guter Vorsatz für eine Diät passen könnte, vor allem wenn es sich um die „No fast food-Diät" handelt.

Das modernere Ockhams Rasiermesser namens K.I.S.S. hat, wenn man so will, seine Wurzeln in der Computerbranche und kommt eigentlich aus den Anfängen der Informatik . Dabei geht es darum, Problemstellungen innerhalb eines Programmiersystems (Programmiersprache) in der Informatik schnell und effizient zu lösen. So wie ich es verstehe, ist das durchaus auch passend für den Bereich der Körpersprache und der Kommunikation. Das heißt, die Kommunikation und der Informationsfluss sollen bestmöglich gestaltet und unter dem Aspekt betrachtet werden, dass stets die einfachste mögliche Lösung eines Problems gewählt werden sollte. Dabei ist K.I.S.S. ein Akronym, das wahlweise eine der bereits aufgezählten Bedeutungen haben kann. In seiner Grundaussage ähnelt es sehr Ockhams Rasiermesser, welches besagt, dass in der Wissenschaft die Theorie zu bevorzugen ist, die weniger Annahmen machen muss, um gemachte Beobachtungen zu erklären. Judd Vinet, der Erfinder und Hauptentwickler von Arch Linux, prägte dazu den Satz: „Wenn Du versuchst, die Komplexität (des, eines) Systems zu verschleiern, landest Du am Ende bei einem viel komplexeren System."

Das gilt natürlich auch für andere oder besser gesagt für alle Systeme, wo es um Erklärungen, also auch Inhalte, also Kommunikation geht. Je einfacher, sprachlich pointierter, also auch körpersprachlich klarer, desto wirkungsvoller und eindeutig schneller und leichter werden wir wahrgenommen und verstanden. K.I.S.S. verbessert die Klarheit unserer Botschaften und beschleunigt auch den Informationsfluss.

Tipp

Denken Sie an K.I.S.S. und versuchen Sie als Übung ein Vorstellungsgespräch mit verschiedenen Personen durchzuspielen. Also gefällige, sympathische Körpersprache und knackige, klare Selbstbeschreibung. Versuchen Sie knappe Botschaften zu kommunizieren und unterlegen Sie diese kongruent mit Gesten und Mimiken der Körpersprache. Checken Sie danach gegen, ob Sie unvermittelt, schneller, besser wahrgenommen = verstanden wurden.

Ähnlich wichtig wie das Prinzip K.I.S.S. ist das Gesetz der Freundlichkeit. Denn freundliche Menschen sind uns aus der Urzeit als Nicht-Feinde bekannt und werden auch heute noch in der zwischenmenschlichen Kommunikation als Freunde wahrgenommen. Freundlich können wir auf die verschiedenste Art und Weise sein. Die Wiener im Speziellen haben, neben den vielen Spielarten des Freundlichseins, auch das sehr Freundlichsein oder auch noch das sogenannte Schasfreundlich sein. Schasfreundlich ist eine bewusst überhöhte Art des Freundlichseins an sich, und stellt sich auch genau so dar. Unter dem Hinweis, dass die Situation, in der jemand schasfreundlich ist, nicht zur emotionalen Grundstimmung passt, sondern nur der Situation selbst geschuldet ist, also inkongruent ist und daher auch etwas deplatziert wirkt. Hier kurz eine Erläuterung. Schasfreundlich sind oftmals Verkäuferinnen in Wiener Geschäften, beim zweiten Mal. Dann nämlich, wenngleich „die Kunde" (richtig: Kundschaft) beim ersten Mal ihnen gegenüber eine gewisse Unzufriedenheit mit dem Servicepersonal festgestellt und es diesem auch kundgetan hat. Nun, also, nachdem sich die Verkäuferin körpersprachlich, wie auch sprachlich womöglich hopatatschig (ungeschickt) angestellt hat, sich also daneben benommen hat, ist sie jetzt überzogen freundlich, vulgo schasfreundlich, damit „die Kunde" sich darüber hinaus nicht auch noch über sie bei der Chefität beschwert. Das nämlich würde den berühmten Wiener Anschiss nach sich ziehen.

By the way: In den USA passiert einem das relativ selten bis gar nicht, dass sich das Servicepersonal unfreundlich präsentiert. Man kann über die USA und die Amis sagen, was man will, aber der Servicegedanke, dem Kunden zu gefallen, ihm zu dienen und für ihn da zu sein, den haben sie uns weit weit voraus! Die Kellner und Kellnerinnen dort sind meist überaus freundlich. Und wenn wir unseren Mitmenschen zeigen, dass wir grundsätzlich freundlich sind, dann haben wir von vornherein eine bessere Ausgangsbasis für weitere Kommunikation. In den USA heißt das auch mehr Trinkgeld für die Kellner und Kellnerinnen.

Es ist nämlich auf die Dauer anstrengend, aus dem Verhalten des Kunden zu lesen und daraus seine Bedürfnisse abzuleiten und auch das Unmögliche für den Kunden möglich zu machen, aber das ist State of the Art, in the States. Oft hört man Leute in Österreich herummosern, meistens die, die noch nie in den Vereinigten Staaten waren, dass diese amerikanische Freundlichkeit ja nur aufgesetzt, also gespielt sei. Ja, sage ich. Ja, die ist vielleicht gespielt. Ja, das ist vielleicht antrainiert und ja, das ist nur eine Rolle, aber ich liebe diese Art von Theater. Weil mir als Kunde die unauthentische Freundlichkeit der Kellner drüben lieber ist als die authentische Unfreundlichkeit von einem grantigen Wiener Ober.

Aber zurück zum Selbstvertrauen. Dieses strahlt jemand aus und es strahlt auch auf uns, und es scheint uns einleuchtend, dass diese Menschen auf unsere Botschaften vertrauen. Und daher läuft ein innerer Prozess ab, der uns zu verstehen gibt, dass auch wir ihnen und ihren Botschaften Vertrauen schenken können. Umgelegt auf die Politik heißt das, was Kommunikation und Körpersprache angeht, dass die Begriffe Führer und Verführer nur ganz gering voneinander entfernt liegen. Alle Führer der Welt hatten eines gemeinsam: den ganz bewussten Einsatz der Körpersprache. Egal, ob das sympathische, reduzierte Signale waren wie bei Mahatma Gandhi. Oder ob es grobe unterwerfende Gesten waren wie bei Adolf Hitler.

Es gibt viele Beispiele für angewandte erfolgreiche Körpersprache. Genauso gibt es viele Menschen, die an ihrer Körpersprache scheitern. Sie scheitern aus den verschiedensten Gründen. Einer der Gründe für wenig erfolgreiche, mutige, klare und starke Körpersprache liegt wahrscheinlich in der eigenen Persönlichkeit. Gut, Persönlichkeit bekommt man zwar genetisch betrachtet von beiden Teilen seiner Eltern mit, aber das heißt nicht, dass, wenn der Vater oder die Mutter eines Kindes dieses oder jenes Verhalten stark ausgeprägt hat oder die beiden irgendein spezielles Talent haben, dieses auch automatisch auf das Kind übertragen wurde. Im Laufe der Entwicklung unseres Lebens, also auch unsers Ichs, erleben wir unterschiedliche Höhen und Tiefen, haben prägende Erlebnisse in der Kindheit und unser Charakter formt sich vor allem durch die Vorbildwirkung und die Erziehung durch unser Elternhaus. Also spielt die gesamtumfassende soziale Prägung eines Menschen eine bedeutende Rolle. Nicht zu vergessen die Ausbildung. Wie bereits erwähnt, wird jemand, der an einer Polizeiakademie unterrichtet wird, logischerweise eine völlig andere Körpersprache definieren als jemand, der Computerprogrammierer oder Gärtner wird. Durch diese Umstände geformt entsteht auch unser Selbstvertrauen im Laufe unseres jungen Lebens. Nun weiß man aus einer der größten Studien der letzten Jahre, dass die Entwicklung der Körpersprache und des Selbstvertrauens dicht miteinander verwoben sind.

Unsere Körpersprache spielt bei der zwischenmenschlichen Kommunikation die überragende Rolle. Schon unsere Körperhaltung kann ganz stark beeinflussen, wie wir von anderen Menschen wahrgenommen werden. Und folglich auch, wie und was sie daraus über uns ableiten können, und was sie folglich über uns denken. Aber noch etwas kommt dazu. Unsere Körpersprache wirkt nicht nur auf unser Gegenüber. Nein, es wirkt und beeinflusst auch und vor allem uns selbst.

Test

Ganz kurz und einfach: Lassen Sie Ihre Schultern hängen, ziehen Sie die Mundwinkel nach unten und senken Sie den Kopf zu Boden. Sehen Sie, wie es wirkt? Sie werden merken, dass Ihr Gemüt nach einer kurzen Zeitspanne die Signale dieser Körperhaltung übernimmt und Sie beginnen sich schwach und traurig zu fühlen.

Das von mir entwickelte PDC© Modell definiert einfache, anzuwendende Maßnahmen im Verlauf eines Gesprächs, die vertrauensbildenden Charakter haben, sogenannte Confident Building Actions. Mit deren Einsatz und Hilfe kann man einen Gesprächspartner in eine gewünschte Richtung steuern, ohne auf untergeordnete Belange wie Inhalte (siehe Eisbergmodell) eingehen zu müssen. Diese Confident Building Actions können bei präzisem Einsatz stimulierend positiv auf das Gespräch und den Partner wirken, unabhängig von Geschlecht, Alter oder Inhalt.

Hitler war so besessen von der Macht und der Macht der Körpersprache, dass er diese regelmäßig vor dem Spiegel zu Hause geübt hat. Später hat er sogar seinen Leibfotografen angewiesen, von ihm Fotoserien zu machen, um zu sehen, wie die Wirkung seiner Körpersprache, einzelner Mimiken, Gesten, Zeichen, vom Hitlergruß angefangen bis hin zu krampfenden Händen, die er vor dem Gesicht gerungen hat, war. Nur um seinen fanatischen Ideen, die er in stundenlangen Reden verbreitet hat, mehr Ausdruck zu verleihen. Er wusste um die Bedeutung der passenden Körpersprache.

Nicht umsonst ist der berühmte Hitlergruß eine ähnliche Geste wie die, die man einem Hund bedeutet, damit er sich vor einem hinlegt und klein macht. Die Palme, also die Handfläche nach unten zeigend. Also klar unterwerfend. Die Kongruenz von Sprache und Körpersprache ist auch eines der wichtigsten, weil hilfreichsten Prinzipien der zwischenmenschlichen Kommunikation, welches sich alle Herrscher, Königinnen und vor allem Diktatoren angeeignet haben. Es ist also nicht abwegig, wenn Sie sich damit einmal auseinandersetzen und auch ein Training absolvieren, nicht nur für den Fall, dass Sie auch Diktator werden wollen. Früh übt sich, wer ein Führer werden will.

Hitler, noch beim Proben

10. GEBOT
ICH WERDE NICHT ROT

Egal, ob vor einem oder vor einer Million Menschen. Denken Sie daran, Sie haben es immer in der Hand, wie man Sie wahrnimmt und welchen Eindruck Sie vermitteln. Nehmen Sie sich vor: „Ich werde nicht rot". Und nehmen Sie sich's richtig vor, sonst müssen Sie es probieren bis Sie schwarz werden.

Ein Forscherteam von der Harvard Business School in den USA wollte wissen, wie diese Effekte funktionieren. Zum Beispiel das Rotwerden, oder das Unsichersein, Selbstzweifel haben und diese durch geringes Selbstvertrauen zeigen. Was ist vermeidbar, trainierbar oder sogar messbar? Wenn wir uns einfach für eine gewisse Zeitspanne in eine bestimmte Körperhaltung begeben, sprich unsere Körpersprache aktiv und nach Ansage ändern, übernimmt unser Bewusstsein das dann und richtet sich unser Körper danach aus, und zwar so, dass andere eine Veränderung feststellen? In der Forschung über Körpersprache eine der maßgeblichsten Untersuchungsreihen.

Den Stein entscheidend ins Rollen gebracht hatte die Sozialpsychologin Amy Cuddy. Sie forscht auf dem Gebiet der Bodylanguage und Human Behaviors seit Jahren und hat eine der spannendsten und kühnsten Behauptungen aufgestellt. Prof. Cuddy unterrichtet an der renommierten Harvard Business School und hat viele tausend Studenten und Studentinnen im Laufe ihrer Dienstjahre als Professorin gesehen und beobachtet. Dabei ist ihr etwas Eigenartiges aufgefallen. Sie meinte zu sehen, dass sich Studenten aus reichen Elternhäusern anders in den Unterricht einbringen und auch im Unterricht mit ihren Kommilitonen, Kolleginnen und Kollegen anders interagieren als jene, die aus wirtschaftlich unsicheren oder bescheidenen Verhältnissen kommen. Nämlich stärker, selbstbewusster und vor allem dominanter. Die Ursache für dieses Verhalten versuchte sie aus ihren Überlegungen herzuleiten. Ihre wissenschaftlichen Fragestellungen lauteten:

Ist Selbstvertrauen eine angeborene, unveränderliche Größe oder kann ich Selbstvertrauen durch Autosuggestion erhöhen?

Und weiters: Wenn ich das mache, spüre das dann nur ich selbst oder kann mein Gegenüber das auch sehen?

Und Drittens: Wenn mein Gegenüber es sehen kann, gibt es Parameter, die auch real messbar sind? Zum Beispiel durch Bluttests, also ändert sich dadurch der Hormonstatus?

Dieser Ansatz in der Körpersprache ist so neu und willkürlich und dennoch irgendwie gar nicht so weit weg von jeder Logik. Denn, dass autogenes Training oder Autosuggestion funktionieren, ist ja hinlänglich bekannt und erprobt.

Immer schon haben sich Wissenschafter die Frage gestellt, ob erfolgreiche Menschen andere Erbanlagen haben als weniger erfolgreiche. Oder ob unser Erfolg oder Misserfolg mit unserem Hormonhaushalt im Blut zusammenhängt. Ob unsere Hormone je nach Alter und Gesundheitszustand, aber auch je nach Situation auf unser Verhalten Einfluss nehmen. So haben Menschen, die sich körperlich durch sportliche Leistungen und Zielsetzungen fordern und fördern, auch einen erhöhten Testosteronspiegel im Blut. Denn unser Hormonspiegel (Testosteron) ist mitverantwortlich für Selbstvertrauen, Ansporn und steigert unser Dominanzvarhalten. Das Stresshormon Cortisol hingegen wird in der Nebennierenrinde verstärkt dann gebildet, wenn wir uns schlecht, niedergeschlagen und vor allem ängstlich fühlen, oder wenn wir kränkeln.

Das bedeutet auch, dass Sieg oder Niederlage, Erfolge und Misserfolge stark von unserem Zustand, der von unserem Hormonhaushalt beeinflusst wird, abhängen.

Der allgemeine Grundkonsens der Wissenschaft lautet also, erfolgreiche Menschen haben im Durchschnitt einen stärkeren Testosteron- und einen weniger starken Cortisolanteil im But.

Vielleicht kennen Sie ja dieses Gefühl, dass Sie sich stark und zu allem bereit fühlen. Und Sie sich jeder Herausforderung stellen könnten und Sie nichts aufhalten kann. Dann verfügen Sie zweifellos über eine hohe Dosis Testosteron. Oder eben umgekehrt. Dann haben Sie eben mehr Cortisol. Tut leid! Genau deswegen sollten Sie auch das 10. Gebot zu Ende lesen.

Prof. Cuddy hat also zwei Gruppen von Studenten gebildet.

Sie bat eine Gruppe der Probanden, sich in einem ruhigen Raum auf ein Vorstellungsgespräch vorzubereiten, indem sie sich für zwei Minuten in eine Gewinnerpose begeben und dabei lächeln sollten. Eine Gewinnerpose ist zum Beispiel die Pose, die wir machen, wenn wir uns stark fühlen, die Arme ausbreiten oder die Hände in die Höhe halten, wenn wir uns körperlich breit und groß machen. Danach mussten sie einen Raum betreten und etwas über sich, ihre Qualitäten und Talente erzählen.

Die andere Gruppe der Teilnehmer sollte sich ebenfalls auf ein Gespräch vorbereiten, jedoch indem sie sich in eine Schwächepose begeben und dabei ganz klein machen und den Kopf einziehen. Sie sollten sich also körperlich möglichst klein und schwach machen. Auch sie mussten danach den Raum betreten, wo sie etwas über sich, ihre Qualitäten und Talente erzählen sollten.

Was beiden Gruppen allerdings nicht bekannt war, dass die vermeintlichen „Chefs", denen sie von sich erzählten, beim Vorstellungsgespräch nicht auf die Inhalte reagieren sowie keinerlei Regung zeigen sollten. Keine positiven, aber auch keine negativen Reaktionen.

Anstarren ohne definierte Mimik und ohne Gestik verstört jeden Menschen und löst bei jedem Menschen Stress und Unsicherheit aus.

Die Gespräche wurden aufgezeichnet und die Videoaufnahmen von einer neutralen dritten Gruppe beurteilt. Sie sollten einfach sagen, wer sich am besten präsentiert hat und die

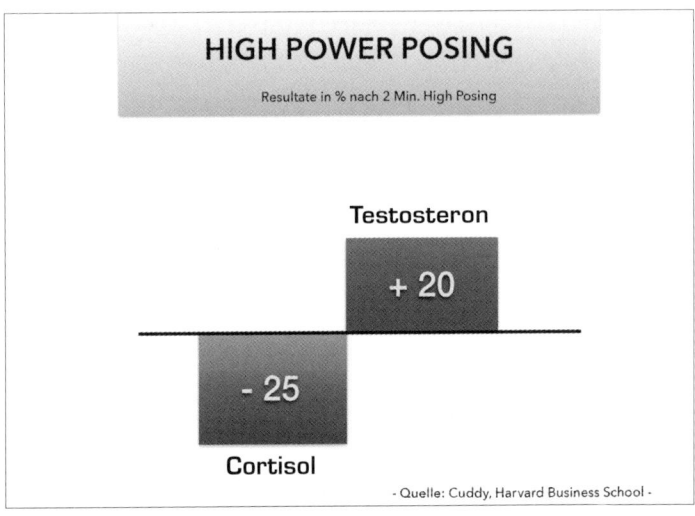

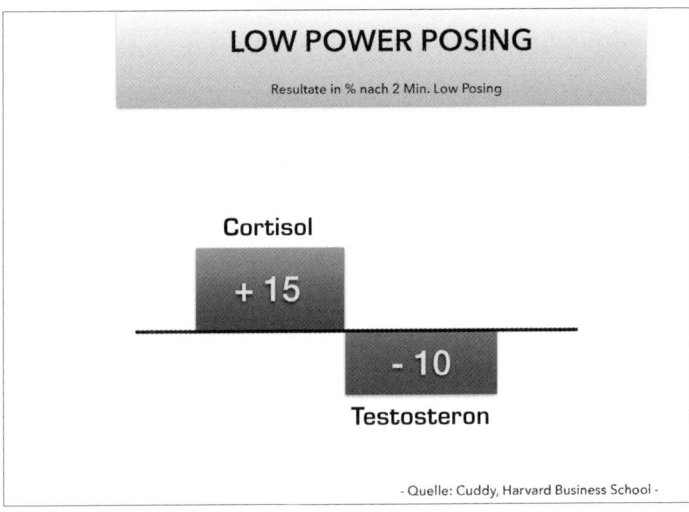

Klare Ergebnisse dank Prof. Cuddy

Teilnehmer und Teilnehmerinnen bewerten. Die höchste Bewertung bekamen nach ihrem augenscheinlichen Verhalten die Studenten, die sich nach Prof. Cuddys Anweisung zuvor für zwei Minuten in eine klare Gewinnerpose mit Lächeln begeben hatten. Die anderen Studenten, die sich für zwei Minuten in eine Schwächepose begeben hatten, waren in der Beurteilung durch die Videoanalyse ohne Chance.

Prof. Amy Cuddy nennt diese spezifischen Posen, die sogenannten Powerposen, die High-Power-Posen und die Low-Power-Posen.

Vor und nach dem Test wurden alle Teilnehmer und Teilnehmerinnen auch einem Hormontest im Blutlabor unterzogen. Testosteron- und Cortisolgehalt wurden untersucht. Das Ergebnis zeigte eindrucksvoll, dass unabhängig davon, wie sich die Probanden zuvor fühlten, das Powerposing ihren Hormonstatus scheinbar und messbar stark beeinflusst hat.

Die eindeutige Erkenntnis daraus lautet: Unsere Körpersprache nimmt Einfluss auf unseren Erfolg! Das heißt, wenn Sie sich regelmäßig vor einem wichtigen Termin, einem beruflichen Meeting, bei dem es um etwas geht, oder vor dem kommenden privaten Date in eine sogenannte Powerpose begeben, dann werden Sie, wie die Studienteilnehmer auch, bei sich selbst einen signifikanten Unterschied feststellen. Ihre Bodylanguage wird sich deutlich zu Ihren Gunsten ändern.

Hier nochmals zusammengefasst die Figuren zum Üben des High-Power-Posings:

Der Boxer

Im Chefsessel

Wonderwoman

Tipp

Wann immer Sie zu einen Termin gehen, der für Sie wichtig ist, nehmen Sie sich zwei Minuten vorher Zeit, um sich in Ruhe mittels Powerposing vorzubereiten. Das kann vor einem ersten Date sein, vor einem Vorstellungsgespräch oder vor einer Rede, die Sie vorbereiten müssen. Oder vor einem Fototermin, bei dem Sie gut wirken sollen. Zwei Minuten ganz auf sich konzentrieren und das Gefühl des Sieges, des Erfolges sich selbst suggerieren und versuchen zu spüren.

DANKESCHÖN

Tiefen Dank an meine Eltern, meine Frau und meine Söhne, meine Schwiegereltern, meinen Freundeskreis und alle meine Brüder und Schwestern im Geiste und alle fleißigen Unterstützer, die dieses Buch in Zusammenarbeit ermöglicht haben.

Euer Ciro

© Himantes

Über den Autor

Ciro DE LUCA ist geborener Neapolitaner, aber gelernter Wiener. Als Bub kam er nach Wien, wo er die Schule abschloss und danach eine Lehre für Kunsttischler & Restaurator in Mödling begann. Später studierte er Kommunikationswissenschaften und Schauspiel und startete seine Karriere bei RTL, wechselte zum ORF, moderierte seine Late-Night-Show *DE LUCA*, war sieben Jahre Conférencier des „Simplicissimus" und ist nun für die PRO7-Gruppe erfolgreich, wo er auch TV-Formate mitentwickelt. De Luca veröffentlichte bereits Bücher über Sportwagen, Reisen und Kochen. Doch nun ist er bei seinem Kernthema angekommen und widmet sich den 10 Geboten der Körpersprache, wobei er als Schauspieler auf jahrelange Erfahrung und Wissen zurückgreifen kann. Er entwickelte BusinessBoxing© (www.businessboxing.at), ein international ausgezeichnetes Motivationstraining, sowie das anerkannte PDC© Modell für ganzheitliche Kommunikation (www.himantes.at), mit dem er als Coach für Kommunikation und Körpersprache zusehends Erfolge feiert. Denn zu seinen Klienten zählen mittlerweile die ganz großen internationalen Konzerne und Prominente aus Sport, Medien und Politik.

Bildnachweis

HIMANTES: Cover (4), Seite 44, 51 (2), 52 (2),
53 (2), 54, 112, 113, 122, 148, 149, 150
akg-images/picturedesk.com: Seite 28
picturedesk.com: Seite 67
Reuters: Seite 67
Getty Images: Seite 74, 141
Manfred Siebinger: Seite 79
Universal Music: Seite 81 (Album-Cover)
ORF: Seite 85
Thomas Ramstorfer/First Look/picturedesk.com: Seite 106
iStock: Seite 126